半熟家庭

明明有家，为何如此孤单

金义 ◎ 著

民主与建设出版社
·北京·

前言

preface

我是2011年年末回国的，回国后一直从事心理学研究和心理咨询工作。多年来，我在工作中结识了许多同行和心理学爱好者，也经常参加心理学同行聚会。通过交流，我发现这些同行主要分为精神分析学派、人本主义学派、认知主义学派、行为主义学派、构造主义学派、机能主义学派、格式塔主义学派。每一学派的心理老师都认为自己的学派是最正统的，方法是最有效的。其实每一学派都有自己的理论基础，都有自己的特点，都是世界著名的心理学家经过多年的研究而形成的理论体系。但是在实际的心理咨询工作中，还是要结合当地不同的文化，才能最大限度地运用好每个学派的心理咨询知识。就像马克思列宁主义的普遍真理在我国需要与中国革命的具体实践相结合，才能发挥作用。心理咨询也是一样，如果不结合我国的实际情况，不尊重我国特有的文化基础，不对具体问题做具体分析，做到有的放矢，而是照搬照抄国外那些理论门派的方式方法，心理咨询很难获得好的效果。

心理咨询是心理咨询师利用心理学技术，帮助求助者解决人生中遇到的困惑或难题。解题式心理咨询技术，是把数学应用题的解题方法用在心理咨询工作中，也是我在多年临床实践中探索总结出的一种行之有效的方法。

求助者人生中遇到的困惑或难题，是摆在心理咨询师面前的一道人生应用题，有简单、有复杂，如何解开这道应用题，也就是打开求助者的心结，解题思路至关重要。

解题式心理咨询是从求助者叙述中得知已知条件，推理出未知条件，未知条件是心理咨询师心中的疑问，需要与求助者有目的的交流，将未知条件转换成已知条件，进而解决求助者的诉求。它要求心理咨询师要有较强的逻辑思维能力、较高的格局、正确的三观、广博的知识面。

本书个案主要采用解题式心理咨询技术。这种方法对求助者的帮助很大，咨询时间短，见效快，让求助者在不知不觉中改变认识，从而解开心结。我的很多学生在一旁观摩了我的咨询过程，也见证了解题式心理咨询方法的效果，一致建议我推广这种心理咨询技术。一是给心理咨询师及心理学爱好者某种启示；二是通过个案分析，对有亲子教育、恋爱情感、夫妻关系等方面问题的人群起到一定的指导作用。本书的个案素材均来源于工作中的实际案例，而且多有普遍意义。本书的创作旨在提高专业心理咨询师的咨询能力，对普通读者起到启示作用，如有雷同，纯属巧合。经我口述，学生张俊整理，以第三人称共同完成了这本书，希望能给予广大读者以积极的意义。

目录

第1章 亲子关系篇

007　案例 1
　　　懂事的孩子，静悄悄地崩溃

017　案例 2
　　　那个去读职高的孩子，后来怎样了

024　案例 3
　　　青春期厌学，千万别和孩子硬碰硬

031　案例 4
　　　高一男孩因"分手"离家出走，面对孩子早恋，家长怎样做好引导

037　案例 5
　　　一触即发的女孩，如何走出焦虑

045　案例 6
　　　父母教育理念不一致，孩子没有学习的动力

052　案例 7
　　　留学生退学回国，怎样增强孩子的独立性

060　案例 8
　　　"留守女孩"的心理问题

第2章　恋爱情感问题篇

075　　案例 1
　　　　红玫瑰与白月光，成熟的爱情观有多重要

082　　案例 2
　　　　一段感情中，比坚持更难的，是懂得及时止损

087　　案例 3
　　　　她的梦想，曾是变成他喜欢的样子

095　　案例 4
　　　　目睹过家暴的男友长大了

102　　案例 5
　　　　遇上妈宝男，还要不要坚持

107　　案例 6
　　　　姐弟恋引发的家庭冲突

116　　案例 7
　　　　卑微讨好又渴望控制，爱情里的样子，与童年息息相关

125　　案例 8
　　　　别把坏情绪留给最亲近的人

第3章　夫妻关系问题篇

138　案例 1
　　家庭关系中最大的忌讳就是没有边界感

146　案例 2
　　女主外男主内的婚姻，怎样做到相敬如宾

151　案例 3
　　攀比式婚姻，也许正在毁掉你的家庭

156　案例 4
　　遇到极度强势的伴侣，怎样相处才不累

164　案例 5
　　愚孝男的婚姻

171　案例 6
　　异地分居，你的安全感指数是多少

178　案例 7
　　有口难言的家庭财务问题

182　案例 8
　　解不开的婆媳难题

192　案例 9
　　名校硕士在家啃老，巨婴何时能长大

附录篇

202　积极向上、心理健康的孩子才是好孩子

205　孩子出现心理问题了，家长怎么办

208　心理咨询师也要选择适合自己的求助者

210　作为求助者，怎样判断心理咨询师的咨询水平

212　人的心理问题真的是由原生家庭造成的吗

第1章

亲子关系篇

亲子关系,即父母子女关系。在法律上是指父母和子女之间的权利、义务关系。父母和子女是血缘最近的直系血亲,是家庭关系的重要组成部分。

亲子关系，即父母与子女的关系。在法律上是指父母和子女之间的权利、义务关系。父母和子女是血缘最近的直系血亲，是家庭关系的重要组成部分。

亲子关系是青少年三大社会关系——亲子关系、师生关系、同伴关系中最重要的关系，是影响青少年身心健康成长的重要因素。没有好的亲子关系，就不会有好的基础教育。

我的学生在跟随我学习亲子教育问题时，我经常告诉他们，一些家庭教育理念是值得我们借鉴的。比如：

独立性教育。从孩子小的时候教育孩子自己的事情自己做，不麻烦别人，自己收拾房间，按时睡觉、按时起床、按时吃饭，上学后独立完成作业，整理书包，坐校车。在这种教育理念下长大的孩子有较强的独立性。

感恩教育。表达感谢的方式可以用语言表达，也可以是具体的行动。有感恩之心的孩子长大后不自私，能设身处地为他人着想。

守规则教育。教育孩子从小学会遵守各种法律法规，包括遵守交通法规、遵守学校的管理制度等。在这种守规则的理念下长大的孩子会有各种法律法规意识，知道人的自由是在法律约束下的自由，也会自觉地爱护环境，有集体意识。

爱国教育。爱国教育是不可缺少的，爱自己的国家、民族，了解祖国的历史、文化，并以此为骄傲。在爱国教育下长大的孩子，会有很强的爱国意识。

体能教育。学生每天至少两个小时的户外运动，在运动中出现的小小磕碰，家长从不大惊小怪。在这样的教育理念下，国民的整体身体素质会得到较大的提高。

然而一些家长的教育观念不正确。个别家长在培养孩子独立性时做得不够，过度关注孩子的学习成绩，认为只要孩子学习好，就是好孩子，进而培养出高分低能的孩子。

我认为，好的教育需言传身教，家长需要给孩子树立好榜样。喋喋不休地训导孩子，会使孩子产生极大的逆反心理，甚至与家长形成对立。成长中的孩子，喜欢模仿父母的言谈举止。父母要是说话粗俗，孩子会觉得他们说话的方式很酷，模仿父母的语言模式。父母不孝顺老人，经常打骂长辈，孩子也有可能如法炮制，对自己的父母不孝顺，非打即骂，这也是身教的结果。家长的举止行为会给孩子造成直接影响。比如，父母经常外出应酬，让孩子自己在家做作业，孩子在家想着父母在外头干什么，又怎么能把心思放在作业上？再如，家长每天回家后经常看手机、玩游戏，家庭成员之间交流很少，这样孩子也会模仿家长看手机、玩游戏。家长的行为直接影响到孩子，这就是身教往往大于言传的道理。

正确的亲子教育往往是最简单的教育方式。比如孩子2岁以后，在独立性方面，可以培养孩子自己吃饭、不挑食、饭前洗手，让孩子从小就与同龄孩子多接触，在家里不要以孩子为中心，让孩子感觉到父母关系是第一位的，爸爸爱妈妈，妈妈爱爸爸，同时爸爸和妈妈也爱孩子。在这样教育理念下成长的孩子会身心健康、不自私、有集体意识，长大进入社会也会受到大家的喜欢。

孩子会出现各种各样的心理问题，究其原因有以下几点：

第一，缺少独立性的培养。有些家长对孩子的照顾无微不至，无论在饮食方面还是在生活自理能力方面完全剥夺了孩子的独立性，甚至剥夺了孩子独立思考的能力。在这种环境下长大的孩子会感到迷茫，不知道学习的意义，更不知道自己的发展方向。

第二，过度严厉管教。孩子取得好成绩家长就欣喜若狂，成绩一旦退步，家长就暴跳如雷，打骂孩子，给孩子造成严重的心理阴影。这种孩子进入青春期，尤其是上高中后会产生严重的逆反心理，想起自己的悲惨童年，可能会对父母产生憎恨，个别孩子会有顶撞父母，甚至放弃学习以惩罚父母的行为。

第三，过度顺从、溺爱。一切以孩子为中心，对孩子百依百顺，有求必应，这样长大的孩子很可能会极度自私，上学后无法与同学友好相处，没有朋友，怨恨周围的人，也不懂感恩父母，长大后很容易仇视社会、仇视周围的人，形成反社会人格。

第四，过度散养。很多家长出去打工，把孩子交给爷爷奶奶照顾。爷爷奶奶忙于生计也没有时间照顾孩子，只给孩子做饭。在这种家庭中长大的孩子很容易按照自己喜欢的方式生活，比如上网、玩游戏、结交不良少年等。

第五，在家暴环境中成长。这样的孩子在学校也容易出现暴力倾向，因为他看见父母产生矛盾时是用暴力解决问题，久而久之，在孩子的认知中会认为暴力能解决一切，从而产生暴力行为。

第六，在不和谐的家庭环境中成长。如果父母经常吵架，孩子会焦虑不安、心情压抑，产生自卑感，也使孩子对生活、婚姻失望。如果父母经常冷战，孩子同样会感觉心情压抑、烦躁、不开心，直接影响学习成绩。

第七，不尊重孩子的意愿。无论任何事情，父母都替孩子做主，包括上大学选专业、恋爱择偶、安排工作，根本不考虑孩子的感受。这样的父母会让孩子失去自我，没有主见，"妈宝男""妈宝女"就是这样产生的。

第八，在比较中成长。父母总是拿自己家的孩子从小就与别人家的孩子作比较，包括比较学习成绩、兴趣爱好、工作、配偶等。在这种家庭长大的孩子很难获得幸福感：一种可能会自暴自弃；另一种可能是会盲目攀比。不懂得享受生活，没有满足感，甚至结婚后也会拿自己的另一半与别人比较，在比较中生活一辈子又怎么能幸福呢？

第九，随意"贴标签"。有些父母喜欢给孩子贴标签，经常会对孩子说"你就是笨,就是废物"。在这种否定环境中长大的孩子即使取得成绩,他的心情也不会喜悦。喜欢否定孩子,究其原因是父母的意识中存在一种错误的教育理念,就是"经常赞美孩子,孩子会骄傲自满",这样的父母一味地否定孩子,会造成孩子自卑、不自信的性格缺陷。

第十,缺少基本的信任。这样的父母会经常叮嘱孩子不要上网、不要结交坏孩子、不要吸烟、不要喝酒、不要早恋,要好好学习。孩子的好奇心恰恰是家长不信任的地方,造成了孩子的逆反心理,孩子就想尝试这些被叮嘱"不要做"的事情。

以上就是常见的错误的亲子教育方式,在下面的观摩个案中会有具体体现。

懂事的孩子，静悄悄地崩溃

> 求助者：女孩，17岁，高三学生，由父母带来咨询。

家长叙述： 孩子最近情绪不好，跟父母说自己在班里没有朋友，与同学没有共同话题，经常莫名其妙地伤心，告诉父母自己活到35岁就不活了，还说自己这辈子不打算交男友，也不想结婚。父母听到后很焦虑，带女儿来咨询。

咨询目标： 提高求助者自身格局、改变错误认知、重建正确三观。

老师请孩子父母回避后，直接问女孩："你因为什么事情感到纠结，都说出来，我好帮助你。"

女孩说："我和同学没有共同语言，在班里没有好朋友，更没有闺密，就是跟同学说话都说不到一起去，感觉很孤独。"

老师问："你和同学没有共同语言，指的是哪方面？"

女孩说："我没有手机，家里也没电视，我除了复习功课外，什么都了解不到，自然与同学就没有话题了。"

老师问："你都高三了，怎么能没有手机呢，是不是你父母害怕你玩手机游戏会耽误学习？"

女孩说:"我有手机根本不会耽误学习。我的自控能力很强的,也向父母保证了每天在固定的时间看手机,看完手机就会交还给他们,但是我不能没有手机。"

老师问:"你跟父母这样说完,父母是什么态度？"

女孩说:"我妈妈没有表态,我爸爸不同意,所以我一直都没有手机,全班同学只有我一个人没有手机。我除了和同学说学习相关的事情,就没有其他话题了。同学们聊的话题我一句也插不进去,我能说的话题他们也不愿意听。"

老师问:"除了学习之外,你还能说什么话题？"

女孩说:"我爸爸经常给我讲'乌鸦反哺、羔羊跪乳,作为子女,就应该回报父母,父母养你不容易',我从小到大一直听着这些话。"

老师问:"你听到这些话是什么感受？"

女孩说:"我听到这些话后也总在想要好好学习,努力挣钱,好报答父母的养育之恩。"

老师问:"你对你今后的生活有什么打算吗？"

女孩说:"我对今后没有太大的打算,我不想结婚,也不想要孩子,我能活到30多岁就可以把父母的恩报答完了。"

老师问:"你活到30多岁,怎么报恩？"

女孩说:"我活到30多岁,挣的钱都给父母,够他们养老了,我的使命也就完成了,也就不欠父母的了。"

老师说:"你们家里的亲子教育出现问题了,你家是典型的管教严厉的家庭。是你妈妈管教你更多还是爸爸管教你更多？"

女孩说："在我们家里，我爸就是皇帝，说一不二。我爸说什么话，我和我妈都得听着，不能反驳。我想起小时候的事就伤心。小时候我的学习成绩下降一点，我爸就会让我把戒尺拿来请罚。"

老师问："你小时候除了学习之外，参加过兴趣班吗？"

女孩说："我小时候学过钢琴。我不喜欢钢琴，我爸非得让我学，不学就打我。他也让我学声乐、学唱歌。"

老师问："你学钢琴也好，学声乐也好，考级了吗？"

女孩说："我没有考级，学钢琴和学声乐是为了长大后考艺术特长生用的。我现在学习成绩很好，就不用考艺术特长生了。"

老师问："你从小时候到现在，没觉得生活是很幸福的吗？你没有好好享受一下生活吗？比如，你和父母一起出去吃特色美食，放假的时候去旅游。"

女孩说："我们去饭店也是去普通的饭店，能吃饱就行。至于旅游是没有时间的。我妈妈工作很忙，我爸爸工作更忙，还经常出差，根本没有时间陪我出去玩，我更多的时间都是在家学习。"

老师问："你是在重点中学念书吗，学习成绩怎么样？"

女孩说："我在重点中学的重点班级，我的学习成绩在全校排前五名。"

老师说："像你这样的成绩，应该去北大、清华。"

女孩说："我对去北大、清华没有太大的兴趣，我都不知道为什么学习，为什么活着。我活着的意义就是为了报答父母的养育之恩，报答完我就可以结束生命了。"

老师说:"你这种思想可能有点问题,咱俩现在探讨一下人为什么要活着。"

女孩说:"我努力学习,就是为了将来多赚钱,能赚更多的钱来孝敬父母,起码父母没有白养我。"

老师说:"人活着的意义不是单纯为了报答父母,如果单纯为了报答父母的养育之恩,那当初父母就不该生你,更不该养你。"

女孩说:"很多家长都爱把'父母养孩子小,孩子养父母老'这样的话挂在嘴边。从小我就是听乌鸦反哺、羔羊跪乳这些故事长大的,我觉得我活着的意义就是给父母赚足够的养老钱,之后我的生活就没有意义了。"

老师说:"父母养育子女,看到自己的孩子阳光、幸福、快乐地长大,长大后有稳定的工作、幸福的家庭,这都是父母对孩子的心愿和祝福。很少有父母生养孩子就是为了让孩子长大后回报自己。当今社会,大部分人的温饱问题早已经解决了,父母到了一定年龄后,国家的福利待遇足够老年人衣食无忧,根本不需要子女来养活自己,所以养儿防老是一种过时的封建思想。作为子女,独立生活后常常看望父母、陪伴父母也是应该的,但是没有必要把孝顺父母当成生活负担,更不可以把孝顺父母当成自己的人生目标。为什么说养儿防老是一种封建的思想?抱有这种思想的父母,在无形中与孩子形成了一种契约关系:父母把孩子从小养到大,付出了很多辛苦,孩子长大成人后,就应该赚钱孝顺、回报父母,像小时候父母照顾子女一样来照顾父母。如此,父母跟孩子之间的亲情体现在哪里?伟大的、无私的父爱和母爱又体现在哪里?所以说养儿防老这种思想践踏了父母与孩子之间的亲情，践踏了父母对孩子无私的感情，也道德绑架了孩子的人生。"

女孩说："我爸爸就有这种严重的封建思想。他是个'封建'的家长，在家里说一不二，我和妈妈都必须听他的，不能意见相左。如果和他意见不统一，他就会反复说自己的想法，直到我们妥协。到后来，爸爸在家里说什么，我和妈妈都不敢反驳。爸爸让我学什么，我就得学什么。爸爸怕电视会影响我学习，我们就不看电视，也没有电视机，更没有宽带，也不给我买手机。"

老师问："你和同学之间没有共同话题，你知道是什么原因吗？"

女孩说："我也不知道为什么同学不愿意和我聊天，我在班里没有好朋友，更没有闺密。"

老师说："不是同学不愿意和你聊天，而是你除了学习之外，没有其他的社会知识，和同学没有谈资，也就是和同学没有交谈的话题。"

女孩说："是这样的，我和同学不知道说什么好，也就是老师您所说的没有谈资。"

老师说："你之所以没有谈资，是因为你不看电视又没有手机，你的社会知识获得的渠道只有你的父母。但你父母在家里不愿意交流，所以你很多社会知识的获得都来源于你父亲，而你父亲对你的教育就是努力学习，知道报恩，大讲特讲孝道，乌鸦反哺、羔羊跪乳。其实讲究孝道没有错，孝顺父母是中华五千年文化的传统美德，这也是做人的基本原则，父母给自己生命、抚养自己成人，付出了很大的心血，作为子女感恩父母没有错。但是，子女不应该把孝顺当成一种负担，更不应该把孝顺当成自己的奋斗目标，因为父母更希望自己的孩子志在四方，为国家做贡献。忠孝不能两全也是我国的文化典范，忠是指忠于自己的国家，为国家做贡献，在忠和孝的选择之间，要选择忠，为大家舍小家。用现在的话来说就是人要有社会责任感，为社会做贡献，而不应该只为父母而活，这就是曲解了孝道的意义。"

女孩说："老师我明白了，人活着就应该为社会做贡献，应该有社会责任感，而不应该只为父母而活。"

老师说："你和同学之所以没有交流的话题，就是由于你对中华文化的理解有偏差，对现代社会的知识又了解得太少。因为你不看电视，也不看新闻和娱乐资讯，不了解我国现在的发展状况以及国际形势，所以你和同学就没有共同话题了。"

女孩说："我除了学习之外，别的方面知道得太少。"

老师说："你和同学一交流就谈孝道，说自己以后要为父母而活、不想恋爱、不想结婚，更不想要孩子，如此一来，谁愿意和你聊天呢？女生们都愿意聊买了什么漂亮衣服，吃了什么美食，去过哪里旅游了，以后要考哪所大学、学什么专业、自己的理想，等等。这样越聊她们越开心，而不像你总说一些悲哀的话题，影响聊天的气氛。"

女孩说："老师您说得很对，同学们都说我成天就知道学习，什么也不知道，一说话就是满满的负能量，大家都不愿意跟我聊天，我才感觉很孤独，我怎么能学会和同学聊天呢？"

老师说:"我会做你父亲的工作,让他同意家里买一个电视,让你在固定时间看电视,或者给你买一台智能手机,让你看一些新闻,多了解社会的现象,这样你的社会知识就会丰富起来,你和同学自然就会有谈资了。关于你的三观,我觉得咱们之间也需要再讨论一下。"

女孩说:"三观指的是不是人生观、世界观、价值观?"

老师说:"是的。你想在30多岁给父母挣够了钱,报答完父母的养育之恩后,就结束生命,这种想法就是不正确的人生观。你想过人活着的意义是什么吗?"

女孩说:"父母生我没有经过我的同意,生我的目的就是为了让我给他们养老送终,我觉得我30多岁能挣够给父母的养老钱,我这一生的使命也就完成了。"

老师说:"为什么说你的人生观是错误的呢?因为你说你活着就是为了报答父母的养育之恩。其实人活着要有一定的社会属性,你来到这个世界上,受到父母的养育、学校的培养,成人后就要为自己不白活一回而去拼搏、去奋斗。为周围的人做出了自己的贡献,这一辈子就没有白活。比如说著名的科学家钱学森,为了我国的国防事业做出了卓绝的贡献,老百姓们都会记住他,他这一辈子就没有白活。也有一些著名的表演艺术家,他们的作品经久不衰,这些人也没有白活。更有一些民间传承下来的老字号,这些老字号的创始人也在各自的领域做出了卓绝的贡献,人们也不会忘记他们。再比如老一辈无产阶级革命家们为了让全国人民过上幸福的日子抛头颅、洒热血,不惜用自己年轻的生命,换来我们今天的幸福生活,我们也永远不会忘记他们,这些人都活出了他们自己的人生意义。你知道无产阶级革命家叶挺写的《囚歌》吗?"

女孩说:"我知道叶挺将军,他是新四军的主要领导人,在国民党发动的皖南事变中被捕,在狱中写下了《囚歌》。"

老师问:"你记得《囚歌》这首诗的内容吗?"

女孩说:"我记得:为人进出的门紧锁着,为狗爬走的洞敞开着,一个声音高叫着:爬出来呵,给尔自由!我渴望着自由,但也深知道人的躯体哪能由狗的洞子爬出!我只能期待着,那一天地下的火冲腾,把这活棺材和我一齐烧掉,我应该在烈火和热血中得到永生。"

老师说:"你背诵得非常好,但你知道诗的含义吗?"

女孩说:"我知道,叶挺被捕,关在监狱里,国民党劝降他,告诉他只要投降,就会放他出监狱大门。叶挺以诗明志,拒绝了国民党的劝降,说人的躯体怎么能由狗的洞里爬出,也就是不会向国民党屈服,投降的人失去做人的尊严,就像狗一样对国民党摇尾乞怜。后面的话是叶挺将军把旧社会比喻成地狱活棺材,期望着革命的烈火将活棺材烧掉,换来革命的胜利。"

老师说:"你从这首诗中没觉得叶挺为了信仰、为了革命的胜利、为了建立新中国,甘愿牺牲自己的生命是多么了不起吗?看看他活着的意义是何等的伟大,志向是何等的高远!哪像你活着只是为了给父母赚养老钱。和革命烈士相比,你的感受是什么?"

女孩回答:"和这些革命先烈相比,我根本就没有志向,活得是多么卑微,目标是多么短浅。我现在才明白人活着的真正意义是什么。"

老师问:"你觉得人活着的意义是什么?"

女孩说:"为国家、为社会贡献我的聪明才智,才不白活一回,这才应该是我的人生意义。"

老师说:"你能有这个思想高度,我感到非常欣慰。你本身就是一个聪明的孩子,就应该有更高的社会责任感,应该贡献自己的聪明才智,而不应该为了短浅的、愚蠢的目标而活着。"

老师接着说:"我现在总结一下你的问题。一是与同学的关系问题,造成这方面问题的原因主要是社会知识不足,这种不足主要是由于你课外书籍看得少、不看电视新闻,也没有手机导致的。这个问题很好解决,你上大学后就是自己管理自己了,家里也会给你买手机,与同学接触也多了,问题自然而然就解决了。二是关于对孝顺父母的理解有些偏差,你把旧社会的孝道用在了当今社会,这是完全不合适的。在封建社会,温饱没有解决,作为子女也许应该努力赚钱养家,孝顺父母,供养父母。但在当今社会,温饱问题都已经解决了,国家养老保险制度也很完善,大部分老年人的衣食住行都不成问题。父母只是希望子女快乐幸福地生活,这就是他们的愿望。作为子女,经常回家看望父母、有时间多陪父母聊天,这才是孝道。三是你的人生观出现了问题,总觉得自己活着的意义就是为了报答父母的养育之恩,为父母赚够养老钱后就要结束自己的生命,这是短浅的、愚蠢的人生观,你现在认识到了这个问题。这次咨询已经解决了这三方面的问题。你回去后再好好地思考一下我们今天的对话,有问题再来找我。今天的咨询就到这里吧。"

三个多小时的咨询结束了,女孩信心满满地走了。

解题式心理咨询个案解析

一、从求助者的叙述中得知本个案的已知条件是：

1. 高三女生，17岁。

2. 求助者与同学相处得不好。

3. 求助者表示自己只想活到35岁，给父母赚够养老钱就结束生命。

4. 求助者以后不想谈恋爱、结婚、生孩子。

5. 求助者在重点高中的学习成绩排在学校前几名。

二、根据已知条件，推理出以下几个未知条件，通过与求助者有目的的问话，将这些未知条件转换成已知条件，进而解决求助者的困惑，完成咨询目标。

1. 求助者的学习成绩排在全校前几名，证明求助者智商不低。学习成绩这样好的学生，为什么与同学相处不好？

2. 求助者给父母赚够养老钱，就想结束自己的生命，这种想法是如何产生的？

3. 求助者父母的亲子教育问题出在了哪里？

4. 求助者的人生观又是什么？哪里出现了问题？

5. 帮助求助者改变以往的错误认知，以及求助者父母错误的教育观念。

6. 帮助求助者建立正确的三观，树立远大的奋斗目标。

第1章 亲子关系篇

那个去读职高的孩子，后来怎样了

> 求助者：男孩，17岁，职业高中学生，由家长带来咨询。

自诉： 去职高上学后，心中郁闷，经常被同学欺负。我感觉自己毕业之后就是到工厂做技术工人，这和我的理想相差太远。我想退学，家长又不让。参加高考的话，我学习成绩不好，也考不上大学。现在我总觉得自己应该出家，我对生活没有要求，对什么都不感兴趣。

咨询目标：

1. 根据求助者的兴趣爱好，重新为求助者做学业规划。
2. 改变求助者错误认知，正确理解人生的意义。

请家长回避后，老师问求助者："你现在在哪所学校读书？"

求助者回答："我现在在读职业高中机械专业。"

老师问："你在职业高中读书感觉怎么样，毕业后有什么打算？"

求助者回答："我在这所学校的感觉非常不好。经常有一些不学习的孩子欺负我们这些刚入学的，我们毕业后多半会去工厂当技术工人。"

老师又问："这些孩子是怎么欺负你们的？"

求助者回答:"经常到我们寝室翻行李箱,看到钱就拿走,看到好衣服也拿走,不让拿就挨打。"

老师问:"你们寝室没有管理员吗?"

求助者回答:"寝室管理员只会在固定的时间挨个寝室巡视,看看有没有违规用电的、熄灯后不按时睡觉的、吵架的。欺负我们的那些人都避开寝室管理员巡视的时间。我们敢怒不敢言,不敢跟这些人吵架,也不敢告诉老师,寝室管理员很难发现。"

老师问:"你在学校的学习状态怎么样,感觉能学到知识吗?"

求助者说:"我就不喜欢这个专业,更不想去工厂打工,我喜欢在安静的环境下学习和工作。"

老师问:"你不喜欢这所学校,为什么还要去这里念书?"

求助者说:"我父亲看我学习不好,考不上大学,就让我去读职业高中,学一门技术,毕业好找工作。"

老师问:"那你没想过退学吗?"

求助者说:"我爸不让我退学,说学费都花出去了。"

老师问:"你对自己的前途是怎么考虑的?"

求助者说:"我爸对我说过好多次,一辈子不要为钱考虑,咱们家有四套房子,住一套、出租三套,够你花一辈子了。我感觉我这辈子生活有着落了,去一个风景如画的地方,静静地在那里待一辈子就可以了。我这辈子对吃、对穿都没有要求,也不想大富大贵,更不想结婚生子,就想平平静静地过一生。"

老师问:"你这种思想状态和出家有什么分别?"

求助者说:"真要有哪个大寺庙让我去当和尚,我可求之不得。

我就适合青灯古佛地生活。"

老师问："你对佛教有研究吗？"

求助者说："我对佛教没有什么研究，就觉得和尚每天读经、吃饭、睡觉，心态都很平和，又看破红尘，无争无抢，平平淡淡地过日子。"

老师说："你当不了和尚，去寺庙当和尚是有条件的，不是什么人都可以当和尚的。"

求助者说："既然当和尚这么难，那我就不去当和尚了。"

老师说："你的性格有些内向，是很善良的孩子，不喜欢跟人吵架，你应该去一个有学习氛围的地方。你现在的学校入学门槛低，里头大多数是没希望考上大学又想学一门技术的孩子，你跟他们在一起很难适应，这才是你有强烈的退学想法的原因。你不喜欢学习机械专业也没关系，也可以学习其他的专业，你没有找好自己的人生定位。"

求助者问："我的人生定位在哪里，我怎么能找到呢？人生定位又是什么呢？"

老师说："人生定位就是你喜欢什么样的工作，又恰恰在做这项工作。比如喜欢烹饪，又是烹饪专业毕业，学成后做了自己喜欢的厨师工作；再比如有人喜欢数学，大学又考上了数学专业，毕业后从事数学研究和教学工作，这些人就是人生定位定得准确，也就是说喜欢一个行业，就可能在这个行业做得很出色，这就是人生定位。你的人生定位在哪里，这要看你平时喜欢做什么事情。"

求助者说："我在有闲心、不生气的时候，更多的时间都喜欢画画，比如画肖像、画植物，还有自己想象的事物。"

老师问："你跟专业老师学习过绘画技术吗？"

求助者说："我只是喜欢自己画，没有跟专业的老师学习过。"

老师说："画画是需要天赋的，你的父母或者直系亲属中有没有擅长画画的？"

求助者说："我奶奶就特别擅长画画，动物画得活灵活现，奶奶在工厂的宣传栏里画人物画、山水画，还写美术字。"

老师问："你会画人物肖像，会画动物吗？"

求助者说："都大同小异。您这里有A4纸吗？再给我一支铅笔，我几分钟就能把您的肖像画完，您看像不像。"

老师找出纸和铅笔，交给求助者后端坐一旁，求助者认真地画了起来。一会儿的工夫，就把画交给老师看。

老师说："画得非常好，的确很像我。"

老师又说："你都没有学过画画，能画出这个水平，说明你在绘画方面很有天赋，可能是遗传了奶奶的绘画基因，你为什么不去找专业老师教教你？"

求助者说："我父母都是工人，他们也不知道怎么培养我，就想以后让我学门技术，也当工人去。"

老师说："你有绘画天赋，就应该从事与绘画有关的行业，这也是你愿意做的工作。"

求助者说："如果能把我的这份爱好变成职业，就是我这辈子最高兴的事，这就像您说的人生定位吧。"

老师说："是的，我现在把你父亲请进来，我和他谈一谈。"

老师将求助者父亲请回工作室，对孩子爸爸说："孩子在学校受欺负的事情你知道吗？"

孩子爸爸说："孩子跟我说了，同学欺负他、抢他钱，孩子想退学，我没同意。"

老师问："孩子想退学，你为什么不同意呢？"

孩子爸爸说："他去这个学校的学费就花了好几万，退学也不返还学费，再说以他的成绩也考不上大学，退学的话，他年龄这么小，天天在家做什么呢？"

老师说："你儿子即使退学了也是要读书的。你儿子跟我说他喜欢绘画，刚才还给我画了一张素描，你看画得像不像我？"

孩子爸爸说："我儿子喜欢绘画我知道，在家里也经常给我和他妈妈画素描，他画得都非常像，这只是爱好，又不能当饭吃。"

老师说："你这种说法就不对了。孩子可以去艺术学院上学，专门学习平面设计专业，毕业后的发展方向非常多，可以为企业做广告设计、商标设计、包装设计、书籍设计，等等，在一线大城市平面设计人员的薪资也是非常高的。"

孩子爸爸说："我以为绘画专业毕业都当小学画画老师呢！"

老师说："你对绘画专业的研究不够，不让孩子去美术学院上大学，偏偏把孩子送到职高去读书，就是耽误了孩子。"

孩子爸爸说："我是看他学习成绩不好，考不上大学，才送到职高去的。"

老师说："考艺术学院对文化课成绩要求不高，你儿子再努力一下就能考上。主要是对专业课考试成绩要求很高，你儿子绘画的专业水平还需要通过正规学习来提高。你可以让孩子先去美术学院预科班学习，那里既有文化课教学，也有专业绘画课程。当专业课学到一定程度，通过艺术学院的专业考试合格后，再去参加高考，只要文化课成绩达到学校录取分数线就可以了。"

孩子爸爸问："是什么样的孩子都可以去艺术学院吗？"

老师说："不是的，要有一定专业天赋的孩子才行。你儿子在绘画方面有天赋，适合考艺术学院。"

孩子爸爸说："我儿子只要能考上大学，花多少钱我都愿意，下一步我们怎么办？"

老师说："你要去艺术学院打听一下，确认一下怎样才能去念书。"

孩子爸爸说："我知道了，现在我就带我儿子去找艺术学院预科班报名去，只要报名成功，职高我们就退学了。"

一周后家长电话反馈说："我们孩子已经从职高退学了，现在在艺术学院预科班学习。预科班的专业老师十分赞赏孩子的绘画水平，说孩子只要文化课成绩努力一下，考上大学没问题，谢谢老师了！"

一年半后，家长带孩子来到工作室看望老师："孩子考上了艺术学院，专业课成绩过关了，文化课成绩远远超过学校的录取线，已经被平面设计专业录取了。孩子特意让我带他来看望您，说要感谢您，是您改变了他的人生。"

第1章 亲子关系篇

❗解题式心理咨询个案解析

一、根据求助者叙述,得知以下几个已知条件:

1. 求助者17岁,职高学生,在学校受欺负,不适应,也不喜欢所学的专业。
2. 求助者有想逃避社会、出家的想法。
3. 求助者想退学,家长不同意。

二、根据已知条件,推理出以下几个未知条件,通过与求助者有目的的问话,将这些未知条件转换成已知条件,进而解决求助者的困惑,达到咨询目标。

1. 求助者为什么不喜欢这个专业?
2. 求助者在学校是怎么被欺负的?
3. 求助者的学习成绩如何?
4. 求助者的生活目标是什么?
5. 求助者的个人爱好是什么?

青春期厌学,千万别和孩子硬碰硬

> 求助者:男孩,15岁,初三学生,由家长带来咨询。

家长叙述: 孩子小学的成绩还好,上初中成绩一般,现在不喜欢学习了。孩子从7岁开始学习吉他、游泳、跆拳道、英语、数学、国学,基本没有业余时间。孩子的妈妈辞职专门陪伴孩子学习,没承想孩子现在不听家长的话,十分叛逆,家长用尽了办法也没用,特意带孩子来咨询。

咨询目标:

1. 帮助求助者确立人生目标。
2. 激发求助者学习内动力。

老师问:"你妈妈带你找我,你有什么事情需要跟我说吗?"

男孩回答:"我不爱学习,我妈很着急,就把我带到你这里来了。"

老师问:"你现在上几年级了?"

男孩说:"我现在初三,今年中考。"

老师问:"你学习怎么样,在班里排第几?"

男孩说:"我学习在班里中等,以前我的成绩全班第一,在全校都能排上名次。"

老师问:"你小学时学习成绩好吗?"

男孩说:"我小学到初三前一直成绩非常好,在班里都排前几名,就是初三以后,我感觉不想学习了,也不愿意去上学。"

老师问:"除了学习之外,你还有什么爱好吗?"

男孩说:"我很小的时候就学过美术、钢琴、游泳、滑冰、国学。"

老师问:"你学的这些哪一个是你最喜欢学、最有兴趣的?"

男孩说:"我就喜欢游泳,其他的兴趣班我都不喜欢上,是我妈非让我去的。"

老师问:"你游泳会几种姿势,游得快吗?"

男孩说:"游泳的几种姿势我都会,尤其擅长自由泳和蝶泳。"

老师说:"喜欢自由泳和蝶泳的人一般性格都有一种冲劲,做事干脆利索、果断。你是不是很快就能写完作业?"

男孩说:"老师你说得对,我性格比较急,写作业也是这样,做事从不拖泥带水,我最讨厌做事拖拉的人。"

老师说:"你做事果断,对自己要求很严,说明你成人后一定会有所建树的,在某一行业会做得非常出色。你以后想从事什么职业?"

男孩说:"我爸爸是牙科大夫,以后我也想从事牙医工作。"

老师问:"你爸爸是牙医,你为什么也想做牙医呢?"

男孩说:"因为我爸爸做牙医,所以我经常去爸爸的诊所玩。

很多牙齿不整齐、牙齿焦黄、牙痛难忍的患者找爸爸治疗，治疗过后，他们的牙齿变得洁白、整齐，牙痛也消失了。这简直就像变魔术一样。患者们都喜笑颜开、千恩万谢地离开诊所，我爸爸也会露出辛苦过后满足的微笑。对于这样的场景，我的印象非常深刻，所以长大后我也想和爸爸一样做一个好牙医，因为微笑从牙齿开始。"

老师说："你爸爸一定是一位优秀的牙科医生。"

男孩说："找我爸爸治牙的，都需要提前预约，因为他的患者太多了。"

老师问："你跟爸爸相处得一定很好吧？"

男孩说："我跟爸爸相处得很好，就是爸爸太忙了，平时都是妈妈管我。"

老师问："妈妈是怎么管的你？"

男孩说："我小时候不愿意去的兴趣班，我妈妈非得让我去学，学完这个学那个，都没有时间玩。"

老师说："你不是喜欢游泳吗，这个爱好就很好啊。这个爱好可以伴随你的一生，它不只是爱好，也是一种健身的方式。"

男孩说："业余爱好我只喜欢游泳，其他的我都不喜欢。"

老师问："上初中后学习很忙，你还有时间去兴趣班吗？"

男孩说："我只是小学时妈妈带我去各种兴趣班，上初中后学业紧张，妈妈让我去各种辅导班学习。"

老师问："具体是学什么呢？"

男孩说："有数学班、语文班、英语班，还有些没有学到的课程都让我提前学一遍。"

老师问:"这样学习对你的成绩有帮助吗?"

男孩说:"有的学科有帮助,有的学科没有帮助。"

老师说:"哪一学科有帮助,哪一学科觉得没有必要学,你可以向妈妈提出来,去没有必要去的辅导班还不如去游泳。"

男孩说:"我只觉得英语班对我有帮助,其他科都不用学。我本身学习成绩就很好,多学一遍就是浪费时间。我跟我妈说过好几次了,她就是不听,辅导班的老师讲的我都会,我妈非得让我反复听,我感到非常烦闷。上初三后我反复在想:人活着就要这样学习吗,学习的意义在哪儿,人生的意义又在哪儿呢?"

老师说:"有些知识你掌握过后就不必再去辅导班学习,省下的时间可以去游泳、看自己喜欢的电视剧。怎么也得留给你自由支配的时间,不然每天像赶场一样去各种辅导班,没有休息日,这样的学习方式容易使你对学习产生逆反心理。"

男孩说:"老师你说得对,现在我就不爱学习了。"

老师说:"其实学习是很有意思的事。我像你这么大的时候对数学非常感兴趣,每做出一道难题自己都得意扬扬;每次参加数学竞赛获得名次的时候,我的自信心就会大涨,觉得自己以后能成为一位数学家。我们班也有一些学生不爱学习,因为他们没有掌握学习的诀窍。一些学生厌学的原因是在学习上没有深入地思考,没有形成自己的学习方法,也就体会不到学习的乐趣;有的学生把会做的题做了几十遍,实际是没有用处的,白白浪费了时间。有些学科要掌握各种题型,熟记于心、深入研究,自然就掌握学习的精髓了,你在初三之前学习成绩那么好,你是不是对有些知识点掌握得特别好？"

男孩说："以前妈妈找的补习班都是特级教师一对一辅导，这些老师把知识点讲得特别透彻，也给我讲学习的方法，我掌握这些后自然成绩就好。"

老师问："那你现在为什么成绩下降了，甚至厌学了呢？"

男孩说："有一个问题我一直在想——我拼命学习的目的是什么？"

老师说："你学习的目的就是为了考上你理想的大学，实现你的人生目标。"

男孩问："我考上大学又会怎么样呢？"

老师说："你喜欢当牙医，自然就需要考上医科大学口腔专业，不然你怎么有资质当口腔医生？"

男孩说："我可以跟我爸爸学习口腔治疗技术。"

老师说："你跟你爸爸学习口腔治疗技术是可以的，但是从事这项职业是需要具备专业资质的。你爸爸不也是口腔专业毕业的吗？"

男孩说："我爸爸是医科大学口腔专业毕业的，是主治医师，我也看到过爸爸的毕业证和职称证。"

老师说："你爸爸是医科大学口腔专业毕业的，是职业的口腔医生，所以说你想当一名牙医，就得努力学习。以你的聪明，只要稍微努力，考上医科大学口腔专业是很轻松的事，实现你当牙科医生的梦想是完全可能的。你厌学的原因不是你不聪明，也不是没有掌握学习窍门，而是因为你心中没有远大的目标，人这一辈子没有目标，生活就会浑浑噩噩，颓废不前混日子，这样的人生是很悲哀的。"

男孩说:"我也是爱学习的,只是我妈天天看着我,不相信我,我的心情就不好。"

老师说:"一会儿我会跟你妈妈沟通,要让妈妈相信你、尊重你。你也要给自己制订一个长远的计划,不能因为跟妈妈置气耽误了自己的前途。你上大学后就会离开妈妈,要自己管理自己。你要提高自己的独立生活能力。"

男孩问:"独立生活能力指的是什么?"

老师说:"自己的衣服自己洗,自己的房间自己收拾,自己的学习进度自己安排,会做家务,包括做饭、炒菜。因为以后你真要去国外读书的话,自理能力必须强,不然饭都吃不好。因为中餐馆特别贵,想吃合口的饭菜必须自己做才行。"

男孩说:"以前我真没想过以后的我是什么样,只想做一名牙医。"

老师说:"人生目标是一步一步实现的,不可能一蹴而就。你现在得考上好高中。考上好高中之后,就想去好大学,大学毕业之后,你也许会继续深造,再从事自己喜欢的工作,发展自己的事业,成为一位事业有成的、受大家尊重的牙医,这就是你的人生目标。"

男孩说:"我会一步一步实现我的理想,回学校一定好好安排我的时间、制订我的计划,先考上重点高中再说。"

两个小时的咨询结束了,男孩跟着妈妈信心满满地离开了。

解题式心理咨询个案解析

本个案是父母不尊重孩子、大包大揽,造成了青春期孩子严重的逆反,实际上孩子的厌学是对父母错误教育方式的回击。

一、根据求助者叙述,得知以下几个已知条件:

1. 求助者以前学习很好。

2. 求助者7岁开始被家长安排去各种兴趣班学习。

3. 家长不考虑孩子的感受,完全按照自己的想法安排和监督孩子,使孩子产生逆反心理,从而厌学。

二、根据已知条件,推理出以下几个未知条件,通过与求助者有目的的对话,将这些未知条件转换成已知条件,进而解决求助者的困惑,达到咨询目标。

1. 求助者以前学习很好,为什么现在厌学、产生逆反心理了?

2. 求助者喜欢从事什么职业?从求助者喜欢的职业方面入手,进而激发求助者的学习内动力。

3. 求助者生活独立性方面怎么样?从生活独立性方面培养求助者的自信心。

第1章 亲子关系篇

高一男孩因"分手"离家出走，面对孩子早恋，家长怎样做好引导

求助者：男，20岁。

家长叙述： 孩子读小学、初中时学习成绩名列前茅。上高一后，孩子早恋被学校发现，校方让两个孩子和双方家长到学校教务处接受处理。校方准备开除女生或强制女生转学，让我儿子留校察看。结果他没到教务处就从学校跳墙逃跑了，之后便离家出走，去远方亲戚那里打工。自那以后，他不再上学，也不让家长去找他。只要去找，他就威胁说以后再也不见我们。几年过去了，亲属打电话让我们去接孩子。见到孩子后，我们发现他目光有些呆滞，经常自言自语，反应迟缓，所以特地从外地赶来，找心理老师寻求帮助。

家长又说："孩子总感觉别人要害他。到了晚上，感觉高中的那位女生在身边跟他说话，一宿一宿地说，天亮了那位女生就走了。"

老师说："这孩子的问题通过一两次咨询很难解决，至少需要连续十次咨询才可能有效果。"

咨询目标： 使求助者重拾生活信心、恢复正常的亲子关系。

父母回避后,老师问男孩:"你能详细叙述一下离家出走的原因和细节吗?"

男孩说:"我小学和初中学习成绩特别好,但是我从初中开始就得了白癜风,两条腿和胳膊上都有,每天都需要出去打针,同学看我得病了都不理我,只有这位女生陪我一起打针,陪我聊天,我也帮助她学习。高一上学期,学校教务处突然通知我和这位女生以及双方的家长去教务处接受处理。班主任说:'你是一个很有前途的孩子,学习这么好,怎么能早恋呢?这个女生成绩太差,学校准备开除她了,你现在就去教务处吧。'听到老师这么说我很生气,又很害怕,怕学校把那位女生开除,于是我翻墙跑了,去远方亲戚家打工,每月管吃管住,还给800元。白天倒还好,我可以忙工作,到了晚上我就会想起这位女生陪我聊天、打针的情景,这几年来天天如此。家里人也来找过我,让我回去上课,我告诉他们'你们再来找我,我就让你们一辈子都找不到我'。这几天,我感觉不妙,总觉得这位女生在我身边陪我说话、聊天,虽然很开心,但我知道我出问题了。我把自己的情况告诉了亲戚,他们转告了我父母,父母说要带我找心理老师,我就过来了。"

老师把男孩家长叫进工作室,对他们说:"我跟孩子了解了一下情况,觉得你们作为家长,对学校所说的早恋问题太敏感了。在学校里,男生和女生聊天、相互帮助学习就是在谈恋爱吗?"

孩子妈妈说:"我本身也是教师,就在孩子就读的高中教书。孩子早恋会严重影响学习。我儿子学习成绩很好,那个女生学习成绩太差,很容易把我儿子带坏。学校教务处说应该让那个女生转学或者开除她,我也认为应该这么做,没想到我儿子从此离家出走,我们家长也很痛苦。"

老师说:"孩子得病了,同学都不理他,只有这位女生陪他聊天、陪他打针,你儿子帮助她提高学习成绩,你们家长为什么非要把这段关系定义为早恋呢?在这个问题上,家长实在太敏感了。学校要开除那位女生,你们都不应该同意。你知道白癜风给你家孩子造成了多大的心理压力吗?同学都不理他,只有这位女同学陪孩子聊天、打针,作为家长应该感谢这位女生,怎么能反过来怪她?现在孩子得病了,真正耽误他前途的就是你们家长。"

男孩随声附和:"就是因为他们,我当时一时冲动不读书了。"

孩子妈妈说:"我们在学校看到学生早恋,都非常生气,觉得学生应该把精力用在学习上,不能谈恋爱耽误学业。"

老师说:"你的儿子情况特殊,他们不是谈恋爱,只是同学之间比较谈得来而已。有同学不嫌弃他得病,主动关心他,这非但不耽误学习,反而对青春期孩子的身心健康成长有帮助。"

孩子妈妈问:"我们孩子现在是什么情况?"

老师说:"孩子常年在外打工,很挂念那位女同学,天天会想起同学陪他时的情景,由于思念过度,导致精神恍惚。孩子有自知,能主动说出自己的状态,也能主动配合,证明他没有精神问题。在接下来的心理咨询过程中,我需要找到当年那位高中女同学来到咨询室,一同帮助孩子解开心结。你要知道孩子目前问题的严重性,所以不管花多大代价也要找到当年那位女同学。"

两天后,家长带着孩子和那位女同学一同来到咨询室,老师请家长回避。

老师开始问那位女同学:"现在你在做什么工作?"

女同学说:"我现在打工卖服装。他的妈妈找到我,把详细情况告诉了我,让我帮忙。毕竟我们当年是好朋友,所以我就到这里来了。"

老师又问:"那你的工作怎么办,不上班可以吗?在这里咨询需要十多天的时间,咨询后你还需要整天陪伴他,你的时间允许吗?"

女同学说:"阿姨已经跟我说好了,我也辞了工作,没问题的。只要他能好起来,我会全力配合。"

老师问男孩:"你见到这位女同学开心吗?"

男孩很激动地回答:"我很开心啊,好多年没有这种感觉了。"

老师说:"你们学校当年就不应该做出处分你们的决定。你们其实不是恋人关系,是老师误解了你们。你们不过是要好的同学,学校不应该这样对待你们。"

男孩和女孩听到后,连连点头说:"是的。"

接下来,老师与他们聊起中学时开心的事,他们一同说着、笑着,非常开心。第一次两个多小时的咨询结束了。

第二天,他们准时来到工作室。老师问起咨询结束后他们去了哪里玩,吃了什么好吃的,有什么感触;问男孩晚上睡眠怎么样,有没有出现以前的问题?

男孩回答:"女孩在身边的感觉还存在,不过昨晚睡得很好,早晨起来头脑很清醒。"

开始咨询时,男孩说起话来不太有条理。老师耐心地教他怎么叙述问题,在接下来的几次咨询中,老师反复地训练男孩的表达能力，要求他清晰地描述自己的所见所闻，并同他一起畅想今后的生活。

观摩学员见证了男孩的变化：他的话多了起来，也会开玩笑了，与正常男孩没有太大区别。

第九次咨询后，老师告诉男孩明天是最后一次咨询，请父母参加。

第十次咨询，求助者的父母以及那位女同学一起来到了工作室。

老师问男孩家长："你们感觉到儿子的变化了吗？"孩子父母说："我们感觉到了，孩子阳光起来了，爱说爱笑了，也不自言自语了，和正常孩子没什么区别了。"

老师又说："这位女生对你孩子的帮助最大了，是很好的女孩。"

家长听罢连连点头。

"你儿子现在重新读书也来不及了，他这几年在亲属那里学会了手机维修，现在完全可以自己开店了，他和女同学一起开个手机维修店就很好。"

男孩听到这话，用很期待的目光看着父母。

父母说："只要我儿子开心，有事做，我们就同意。"

咨询结束了，父母带着孩子还有那位女同学千恩万谢地走了。

解题式心理咨询个案解析

本个案是典型的由于家长、学校处理孩子早恋问题方法不当导致的孩子崩溃出走。

一、根据求助者叙述，得知以下几个已知条件：

1. 求助者高中之前学习特别好。

2. 求助者初中开始得皮肤病，同学不理他，只有一位女同学陪伴他聊天、打针。

3. 学校和家长认定求助者与这位女同学早恋。

4. 学校教务处严肃处理求助者早恋问题，导致求助者崩溃、逃离学校，从此不上学，开始打工生活。

二、根据已知条件，推理出以下几个未知条件，通过与求助者有目的的问话，将这些未知条件转换成已知条件，进而解决求助者的困惑，达到咨询目标。

1. 求助者离家出走后与父母有联系吗？

2. 求助者离家这几年靠什么生活、住在哪里，父母找没找过他？

3. 求助者常年在外打工，不思念父母和那位女同学吗？

4. 求助者情绪崩溃以及离家出走的真正原因是什么？

5. 求助者思念的女生现在在做什么？

6. 求助者父母对当初学校给予求助者早恋的处分是什么态度？

7. 怎样使求助者父母认识到自己的错误，给孩子一个道歉？进而调节求助者与父母的亲子关系。

8. 解铃还需系铃人，如何找到当年陪伴求助者的女同学，帮助求助者重拾生活信心？

案例

一触即发的女孩,如何走出焦虑

> 求助者:女,20岁,大二,由家长带来咨询。

家长叙述: 孩子这学期感到十分焦虑,也有抑郁倾向,现在请假回家。回家后孩子每个月都会发作几天,发作时砸东西、打人、情绪失控。

咨询目标: 打开求助者心结,使其恢复正常的生活状态。

老师请家长回避后问求助者:"能把你的情况详细说说吗?我好帮助你。"

求助者说:"我在学校感觉特别焦虑,读不进去书,有时也有自杀的想法,觉得生活没有意义,感觉自己好像有病了,想跟学校请假一学期回家休养。"

老师问:"你感觉自己特别焦虑,都有些什么症状呢?"

求助者说:"我在学校时每天都非常不安,书也看不下去,也不想在学校待着。"

老师问:"你感觉到抑郁,都有哪些表现呢?"

求助者说:"我总感觉活着没意思,我在网上查了一下这是抑郁症的特征。"

老师说:"首先我给你讲一下焦虑症,焦虑症是一种心理疾病,是神经症的一种,全称是'焦虑性神经症',简称焦虑症,有以下几个特征:

"1. 精神运动性不安的症状:也就是表现为肢体动作,比如不停地搓手、来回走。

"2. 具备神经症的特点,神经症的特点是持久的心理冲突、社会功能受损、有痛苦的情绪体验、不以器质性病变为基础。

"3. 总是担心未来有不好的事情发生。

"以上这些就是焦虑症的特征。你进到工作室后,在我们聊天的过程中,我发现你没有搓手,也没有坐立不安的行为,只能说你有焦虑感,但没有达到焦虑症的程度,所以你是不是心里有事情?这些事情让你产生了某种焦虑,使你的心情烦躁不安,因此出现抑郁倾向。根据我的观察,你也没有抑郁症的特征。

"抑郁症也是一种严重的心理疾病,特征是情绪低落、睡眠障碍、兴趣减退或丧失,总觉得活着没有意思,有自杀的想法或行为。我想你仅仅是有抑郁倾向,并没有达到抑郁症的程度。抑郁症患者一般都不喜欢交流、目光呆滞、声调低沉、压抑,而你不具备这些特征。你能跟我详细说说到底是什么事让你这么纠结吗?"

求助者说:"就从小时候开始说吧。我7岁上小学一年级时父母离婚了。后来爸爸再婚了,我由妈妈抚养,和妈妈一起生活。妈妈的工作很忙,脾气很暴躁,经常打骂我。"

老师问:"你小的时候你妈妈总是无缘无故地打你吗?"

求助者说:"也不是无缘无故地打我。我妈每次都是因为学习打我,比如作业没完成、学习成绩下降、老师告状,等等,我妈妈生气就打我。"

老师说:"你妈妈的教育方式虽然不对,但是她打心眼里是希望你好好学习的。妈妈打你的时候,她是怎么说的?"

求助者说:"我妈妈边打我边说:'你就长得像你爸爸,再不好好学习,以后长大了也得跟小三跑了。'"

老师说:"你妈妈说这些话可能是因为你爸爸抛弃了她,她受刺激了。这是你妈妈气糊涂了说的话。其实妈妈一个单身女人带着一个孩子生活,也是很不容易的。"

求助者说:"是不容易,那也不能打我啊。"

老师说:"你学习成绩好的时候,妈妈是怎样的?"

求助者说:"我上初中后,学习特别努力,上高中后我在全校都是前十名,我就一直没有挨过打了,挨打的事我倒觉得没什么,主要是妈妈说的话我一直忘不掉。"

老师问:"你妈妈说了哪些话?"

求助者说:"小时候边打我边说:'你的衣服是我买的,家里的所有东西都是我买的,你再不努力学习,你能对得起我吗?'"

老师问:"这些话也没什么啊,你为什么这么耿耿于怀呢?"

求助者回答:"因为我们学校每年都有跟美国学校的交换生名额,我一直想去美国读书,但是想起妈妈说的话,我就不敢跟妈妈提起这件事。毕竟去国外读书花销大,我爸爸有了自己的家,我们也不经常联系;我妈妈前几年也再婚了,她也有了自己的家。我虽然成人了，但是我经济还没有独立。"

老师问："你在学校，妈妈每月给你多少生活费？"

求助者回答："每个月给我1500元，还千叮咛万嘱咐让我节俭。"

老师说："我的女儿上大学，每月我只给她1000元生活费，不够的部分，我让她出去兼职、打工赚钱。我并不是心疼钱不多给她，只是想让她独立起来。因为上大学了，要为以后融入社会做准备，让她出去打工也是让她体验家长赚钱的不容易，也能让她体验到自己赚钱自己花的幸福感。我女儿在大学期间一直利用业余时间给高中生辅导英语，每次我和女儿见面时，她都会高高兴兴地告诉我这个月兼职又赚了2000元，我也会鼓励她太棒了，还会叮嘱她千万不要耽误学习，因为你是学生，学习才是最重要的事。"

求助者说："老师你说得对，上大学应该出去做个兼职，关键是目前我想去国外读书，就需要一大笔费用，我父母不给我钱，我肯定去不了。我也可以在国外边读书边打工，但是现在的学费怎么办？我上哪里去找？向父母要，我又担心他们不给我，因为他们都有各自的家庭，我也不能因为我需要钱读书，就影响他们的家庭。"

老师问："你妈妈是做什么的，你继父又是做什么的，你们现在住在哪里？"

求助者说："我们家现在住别墅，爸爸家也住别墅，只是在另一个地方，他们都是做生意的。"

老师说："我觉得你父母能拿得出你留学的费用，毕竟你是他们的亲女儿。"

求助者说:"我就为留学没钱的事烦恼,让我读不进书、睡不好觉,总想砸东西,发泄自己的情绪。"

老师问:"你回家后是怎么发泄自己的情绪的?"

求助者说:"我每个月都有几天控制不住自己的情绪,会砸家里的东西。"

老师问:"你都砸家里什么东西?"

求助者说:"砸家里的茶杯、暖水杯,把枕头和被子扔地上,狠狠地摔垃圾桶。谁阻止我,我就跟谁大喊,他们都感觉我得了躁郁症。"

老师问:"你没有砸过电视吗,有没有把自己的笔记本电脑和手机砸了?"

求助者说:"我家电视是进口的,很贵的;笔记本电脑和手机都是名牌,也很贵的,舍不得砸。"

老师说:"你主要还是心里藏着事情,为没钱留学的事情发愁,家长也不知道你内心的真实想法。其实你只是为了发泄情绪才砸东西,根本不是精神上的问题。"

求助者说:"是啊,这件事让我太难受了,一想起来就心情不好。"

老师说:"你爸爸妈妈特别爱你,只是你没有感觉到。他们不善于表达,你们又缺乏沟通。现在你可以给爸爸打电话,把去美国读书的想法跟爸爸说一说,向爸爸要学费,你看看爸爸会怎么说。你告诉爸爸:'我们学校每年都有去美国学习的交换生,以我现在的成绩完全可以去。爸爸你看看能不能给我付学费,帮助我实现去美国学习的愿望。'"

说到这里,求助者给爸爸打电话,把自己的想法说了出来,同时验证爸爸是否爱自己。

求助者跟爸爸通话后,老师问:"你爸爸怎么说的啊,他答应了吗?"

求助者喜笑颜开地说:"我爸爸说完全同意我去美国读书,学费他全包,还说只要对自己女儿前途有帮助的事,爸爸都支持。"

老师又对求助者说:"你爸爸不是不爱你,是你跟爸爸缺乏沟通,把自己的想法放在爸爸身上了。那是你的想法,不是你爸爸的想法。你的焦虑都是因为自己想太多。现在我把妈妈也叫进来,你再验证一下妈妈对你的爱,你在旁边听着就好。"

妈妈回到工作室后,老师跟求助者妈妈说:"一会儿咨询结束后,你带孩子去商场买衣服,她想要什么样的你就给买什么样的。"

孩子妈妈点头说:"没问题的,她要什么我都给。"

老师又说:"刚才孩子给爸爸打电话了,她把要去美国读书的想法告诉了爸爸,孩子爸爸说出国的一切费用他都负责。"

孩子妈妈说:"去美国读书这件事我也同意,费用我也可以出。"

两个小时的咨询结束了,孩子很轻松地跟妈妈离开了,预约到下周的同一时间进行第二次咨询。

第二次咨询和第三次咨询都在轻松愉快的氛围下结束了,孩子开心地表示:"我现在没什么焦虑感了,每天都很轻松。我决定病假期间先去舞蹈班学习,再去参加托福的培训,学校的课程我可以在家学习,期末考试再回去就可以了。"

一个月后孩子妈妈打电话反馈说:"孩子现在什么事都没有了,每个月也不发火了,也不砸东西了,每天都很开心。现在正学习托福,为出国做准备。"

解题式心理咨询个案解析

老师与求助者交谈后,观察到求助者语言清晰、思维正常,没有精神运动性不安的焦虑症症状,也没有压抑、低沉、目光呆滞的抑郁症症状,老师对家长说:"孩子没有重度焦虑,也没有重度抑郁,只是多年的心结没有打开导致情绪烦躁、失控。"

一、根据求助者叙述,得知以下几个已知条件:

1. 求助者7岁父母离异,由妈妈抚养长大。

2. 求助者母亲在学习方面对求助者要求严格,也时常因为学习问题教训求助者。

3. 求助者认为自己已经是大学生,成人了,但经济不独立,无法去国外读书,很焦虑,产生抑郁情绪。

4. 求助者认为父母都再婚,怕影响父母再婚家庭的夫妻感情,不好意思向父母张口要出国学习的费用。

二、根据已知条件,推理出以下几个未知条件,通过与求助者有目的的问话,将这些未知条件转换成已知条件,进而解决求助者的困惑,达到咨询目标。

1. 求助者父母再婚后家境如何，是否能支付得起求助者出国的费用？通过与求助者问话得知，求助者父母再婚后，双方家境非常好。

2. 怎么验证求助者父母对求助者是关心的，并愿意支付求助者出国的费用，进而打开求助者的心结。

第1章 亲子关系篇

案例

父母教育理念不一致，孩子没有学习的动力

> 求助者：高二男生，身高一米八，长相帅气，由家长带来咨询。

家长叙述： 孩子初中时学习成绩很好，上高中后成绩开始下滑，孩子父亲从小跟孩子说家里的财产以后都是他的，够生活几辈子了，孩子妈妈认为父亲的教育方式有问题，使孩子产生惰性，不努力学习。为了使孩子努力学习、积极向上，她告诉孩子家里的资金链断裂了，住的别墅近期也要卖掉还债，从此后家里没钱了，你得努力学习养我们。孩子听后不但没有被激发出斗志，反而对生活绝望了，情绪也不稳定，每天唉声叹气。妈妈百般劝说没有效果，所以带孩子来咨询。

咨询目标： 帮助孩子树立正确三观，让孩子阳光起来，积极向上，并帮助孩子树立生活、学习目标。

老师问求助者："你现在上高几了，学习成绩怎么样，有没有发现自己身上有一个非常明显的特点？"

孩子回答："我高二，在班里成绩倒数，没发现自己有什么特点。"

老师对求助者和观摩学员一起说："你们有没有发现这孩子长

得像从前的一位歌星——费翔，听听孩子说话的声音多有磁性。"

老师又问求助者："你喜欢唱歌吗？你不觉得自己的气质、形象都像费翔吗？"

求助者说："我不知道费翔是谁。"

老师说："他是20世纪80年代非常火的一位歌星，在1984年春晚演唱《冬天里的一把火》之后，红遍大江南北，现在我就在网上找出他唱歌时的样子，看看你像不像他。"

于是，老师在手机上找出费翔唱歌的视频，孩子认真地看了看，说："他唱得太好了，舞跳得也好，形象也好，我可比不上他。"

老师说："你仔细看一看，你说话的声音像他，长得像他，你鼻梁高高的、眼窝深邃，简直是费翔的翻版，可以去做模仿秀啦。"

求助者笑了起来。

老师说："你今天到我这里，有什么困惑都要说出来，我好帮助你。"

求助者说："我家经营着几个店，生意很好。我父亲告诉我家里的财产以后都是我的，足够我生活几辈子了。可是我妈又说生意表面看着很好，实际上不挣钱，最近资金链断了，开始有负债，打算把我们住的别墅卖掉用于还债，我们只能找一套小房子住，保姆也要辞掉。一想到这些，我就很烦恼，情绪经常失控。老师，你看看我是怎么了？"

老师说："首先，你爸爸说家里的财产都是你的，够你活几辈子了，这句话本身没有问题。但是即便你继承了这些财产，也不等于你以后可以什么都不做，坐吃山空。人活着就要有自己的事做，花自己赚的钱是非常开心的事，也证明自己有赚钱的能力，可以不完全依赖父母。每个人都希望被别人尊重，可是我们要怎么做才能被别人尊重呢？你要有一定的才能，为社会和周围的人创造一定的财富和价值，周围的人自然而然就会对你尊重，比如你的父亲单位的员工对他是不是很尊重？"

求助者说："是的。"

老师问："那些员工为什么对你父亲很尊重？"

求助者回答："因为我爸爸给他们开工资。"

老师说："其实爸爸店里员工的工资不是你爸爸给的，是他们在店里付出了劳动，工资是他们的劳动所得，真正给他们工资的是消费者。你爸爸是单位的经营者，为员工提供了生存的平台。你的爸爸年轻的时候，和他们一样从打工开始，凭着自己的智慧积累了经验和财富，然后自己创业，通过努力、勤奋和学识，才有了今天的成就，这才是员工尊重你父亲的原因。"

求助者说："我特别愿意跟我爸爸聊天，爸爸也给我讲过他当初创业的经历多么艰难，也显示出他的智慧。"

老师问："你的爸爸给你讲他今天的成就时，你观察他的表情了吗？"

求助者说："我爸爸讲到他有今天的成就时，表情是相当得意的，还告诉我以后这些财产都是我的，够几辈子生活了。我听了这些话心情非常好，觉得自己可以不用那么辛苦地学习了。"

老师说："你爸爸虽然是这样说的，但是你不可以这样做。你看到了爸爸的员工对他都很尊重，这种尊重也让人生出成就感。人活一辈子不只是为了吃和穿，只为吃和穿是挥霍生命，人活着还要追求成就感，像你爸爸一样为社会和员工创造价值，为人民服务就是这个意思。你听明白了吗？"

求助者说："老师说得很好，不过我没完全理解。"

老师指着一位观摩学员说："他的家境也很不错。他自己考上了大学，毕业后又考进事业单位，虽然家境优越，但他靠着自己的努力把事业做得很好，家庭也美满，自己还在学习心理学，想帮助更多的人，从表面你能看出他的家境吗？"

求助者看了看这位观摩学员说："我没有看出来。"

老师问求助者："你家住在哪里？"

求助者说出了一个小区的名字，那位观摩学员说："我也在那个小区住，那是别墅区。"

老师对那位观摩学员说："你给求助者讲一讲，你是怎么不依赖家里，自己努力做自己的事的。"

那位学员对求助者说："我家里做了30多年的工程，家里也希望我像他们一样搞工程，但是我想考大学，做我自己喜欢的工作。大学毕业后我考上了事业单位，虽然工资不多，却是我喜欢的工作。现在学心理学，也是我喜欢的工作，做心理咨询师能帮助到更多的人。家里有钱是家里的，我能挣钱是我自己的。我跟我妻子一起努力生活，这样做获得了家长的赞许，也为我的儿子做出了榜样。我也认识一些家境不错的朋友，每天不工作就知道吃喝玩乐。他们的父母为他们操碎了心，后悔莫及，恨不得把自己的财产都捐给社会，也不让他们的孩子这样。我现在工作就很开心，白天工作为社区百姓解决生活琐事，虽然很操心，但内心踏实、有成就感。我觉得人活着就要有成就感，被人尊重的人生才有意义。"

求助者说："我也没有恶习。我上初中学习成绩非常好，并且考上了重点高中。家里虽然很有钱，但也限制我消费，每周只给我200元，打车、吃饭勉强够用。只是现在我为家里担心，要是真的破产了，我还没有能力帮助家里，所以感觉有些烦恼。"

老师说："是的，你衣着朴素，人也朴实，这就是你身上的好品质。但是你妈妈说的话，也不要过于担心，她可能是想激发你的学习劲头，怕你颓废下去。以你父亲的才智，即使你家破产了，也可以东山再起。除非你的父亲有恶习，吸毒、赌博才会倾家荡产。"

求助者说："我爸爸既不赌博也不吸毒。"

老师说："那你还担心什么，你只要好好学习、考上大学，有自己的生活目标，你父母会很开心的。你想过上大学学习什么专业、以后从事什么职业吗？"

求助者说："我想学中医，考中医大学，以后从事中医工作。"

老师说："中国五千年文化，中医学传播到世界各地，很多疑难杂症都是中医解决的，你学中医毕业后要向家传的老中医学习他们的经验，因为每个家传中医都在某一方面有独特的治疗经验。学中医的想法我非常赞同，你也会帮助更多的人。"

老师又问："你还有哪方面的困惑？"

求助者说："我还有一个困惑，就是我和同龄人没有多少话说，跟父亲反而有很多话说。"

老师说："通过和你的聊天了解到你的知识面很广，你也经常和爸爸在一起聊天,所以你的知识面和看问题的角度远远高于同龄人,你会觉得他们很幼稚或者无聊,这是很正常的事。等你上大学后,有可能会碰到跟你志趣相投的同学。"

求助者说:"我和您这个年龄的人可能有说不完的话,反而跟同龄人无话可说,我明白是什么原因了。"

老师说:"你说过你的情绪有时会失控,都在什么情况下会失控,你详细说一下。"

求助者说:"比如我在爸爸车上,正常行驶,前面的车别了我们的车一下,这时我的情绪就会失控,骂出的话和疯狂的样子就像换了一个人。"

老师说:"你平时是个非常文明的孩子,从不骂人、说脏话,为什么有时会突然失控呢?因为你现在处于青春期,体内荷尔蒙增多,情绪波动就会大,就像女人到了更年期一样。更年期的女人情绪波动也非常大,有时会莫名其妙地发火、生气,也有时感觉身体发热影响睡眠。青春期和更年期是人的两个关键时期,情绪有波动是正常的,你只要过了20岁就正常了。但也要学会控制自己,不该生气的事情就不要生气,比如车被别了一下,那可能是由于路况原因,前车也不是故意的,要学会理解。你觉得我说得对吗?"

求助者说:"哦,更年期的女人我也知道,我们一位邻居阿姨以前是特别温柔的女人,现在去买菜都会和小贩吵起来,简直不可思议,我也要接受现在的状态。"

老师又问:"你还有哪方面问题需要我帮助你的?"

求助者说:"我现在心里敞亮多了,等有问题再来请教您,今天非常感谢老师。"

三个小时的咨询结束了,求助者开心地离开了,一个月后求助者妈妈反馈说,孩子回家像变了一个人,知道努力学习了,也不发火了。

解题式心理咨询个案解析

本个案求助者出现了这样的问题,主要是由于错误的家庭教育导致的。

一、根据求助者叙述,得知以下几个已知条件:

1. 求助者初中时学习成绩好,上高中后成绩下滑。

2. 求助者爸爸告诉求助者家里的财产够支撑几代人,使求助者学习劲头懈怠了。

3. 求助者妈妈为激发求助者学习动力,告诉求助者家里要破产,需要搬到小房子住、家里还要辞掉保姆,求助者听后萎靡不振。

二、根据已知条件,推理出以下几个未知条件,通过与求助者有目的的问话,将这些未知条件转换成已知条件,进而解决求助者的困惑,达到咨询目标。

1. 求助者对人生的意义是怎么理解的?

2. 求助者今后的职业目标是什么?进而激发求助者学习的内动力。

3. 求助者对青春期问题了解多少?

案例

留学生退学回国,怎样增强孩子的独立性

求助者:女,22岁,大二因病退学。

自述: 我每天都感觉困倦,睡又睡不着;心情不好,想自杀又害怕自杀,经常拿刀片自残,看到血流出来心中就有一丝丝的快感。不知道为什么会这样,特来咨询。

咨询目标: 培养求助者的独立性、积极面对生活,重新树立生活目标。

老师问:"你从什么时候开始心情不好的,能把过程详细说说吗?"

求助者回答:"我上初中的时候父母一直吵架要离婚,那时我心情就不好,最后他们还是离婚了。后来妈妈送我去国外读高中,到了国外后,我由于语言不通,不适应环境,与同学相处也不好,自己租了一套房子居住,每天都感觉特别孤独,不愿意上课,经常一个人在屋里玩游戏,饿了就去买东西吃,黑白颠倒地生活,勉强读完高中上了大学。上大学后,只和一位国内的留学生接触,她和我一样也不喜欢读书,我们经常在一起吃东西、去酒吧玩,就这样一直混日子,上大学期间我还搬了四次家。"

老师问:"为什么总是搬家呢?"

求助者回答:"我也不愿意搬家,都是房东把我撵了出去,不把房子租给我了。"

老师问:"你是欠房租吗?"

求助者说:"我不欠房租,就是房东来收房租的时候看到我房间的样子,房租也不收了,就开始撵我走。"

老师问:"为什么房东非要撵你走呢?"

求助者回答:"我就是不喜欢收拾屋子,而且还养了一只宠物猫,房东说屋里太脏、气味太大,说把他的房子住坏了。"

老师问:"你是不收拾屋子,不洗衣服吗?猫屎猫尿也不给收拾吗?"

求助者说:"出国前都是妈妈在照顾我,这些活也都是妈妈做的,我什么也不会做。出国后没有人管我,我又雇不起保姆,我不喜欢洗衣服,衣服穿脏了就买新衣服穿,屋里的衣服就会显得比较多,自然不整洁了。再说我也没有感觉脏乱差啊!"

老师问:"在国外读高中时也是这样过的吗?也经常搬家吗?"

求助者说:"高中时在寄宿家庭居住,房东管我吃住,由于我不喜欢收拾房间,寄宿家庭也不让我住了,我就得经常搬家。搬家也很方便,我只带走我的新衣服,旧衣服不要了。"

老师问:"你出国从读高中开始到现在已经读大二了,你家为你支付了多少费用,你算过吗?"

求助者回答:"我回国后妈妈计算过,也就花了200多万元。"

老师问:"你能不能把在国外读书的体会跟我谈一谈?"

求助者说:"环境美,人又少,污染低但好无聊。"

老师说:"你总结得很对,由于语言障碍,你很难融入社会,自然而然就觉得无聊、没有朋友。"

求助者说:"我一般都是和本国的留学生在一起交流,不与其他国家的同学接触。"

老师说:"国内的留学生只和本国人接触交流,而不是主动与国外留学生接触交流,外语交流水平自然提高不了,这就是国内留学生的弊病,所以你感到无聊是正常的事情。"

求助者说:"每天特别没意思,只有找美食吃才是我最开心的事。"

老师问:"你回国后没有去减肥吗?"

求助者说:"我都不好意思说我的体重,现在每天只吃一顿饭都不管用,体重还是减不下去,我也不好意思逛街了,一出去逛街大家都用异样的眼光上下打量我,使我非常不开心。"

老师问:"你回国几年了?"

求助者说:"将近两年了。"

老师问:"回国后你每天做什么?"

求助者回答:"因为我太胖了,不愿意出屋,每天除了上网、玩游戏就是在床上躺着,也睡不着。妈妈每天工作很忙,只有晚上能见到她,早晨我还没睡醒妈妈就上班了。妈妈也经常督促我减肥,可是我都一天只吃一顿饭了,还能怎么减肥呢?"

老师说:"减肥不是不吃东西,而是科学饮食、有良好的作息时间。"

求助者说:"为了减肥成功,我用了很多办法,你这个办法我试试。"

老师说:"切记白天不可以睡觉,白天没事你可以学做家务、学做饭,学会照顾自己、照顾妈妈。你已经22岁了,成人了,应该独立了,学会自己的事情自己做,不可以总让妈妈帮忙,因为妈妈不可能陪你一辈子。再说衣服也不可以脏了就扔掉,这是在浪费。你在国外扔了多少件衣服、浪费多少粮食,你仔细算过吗?"

求助者回答:"我在国外衣服脏了或者不喜欢穿了就扔掉,买的东西吃不下去也会扔掉,下次买新的吃。这样算起来确实浪费太多了,难怪我现在每天心情不好。"

老师说:"你不可以像现在这样下去,你要养成节俭、朴实的生活习惯,买衣服和日常用品都要算计着花钱,更主要的是好好调整自己的心态,以后要想好自己能做什么,不可以总花妈妈的钱,妈妈挣钱也不容易。"

求助者说:"我妈每天很晚回家,回家后还得工作,还得做家务,每天都忙到晚上12点多才睡觉。早晨还要起早去公司,妈妈年龄逐渐大了,身体也不好。"

老师问:"你家里没雇保姆吗?"

求助者说:"我妈妈有一个习惯,自己的东西不让外人碰。小时候家里有保姆,妈妈非常不喜欢她们,后来妈妈宁可自己辛苦做家务,也不去雇人。"

老师问:"你白天吃饭怎么办,自己做吗?"

求助者回答:"我妈妈早晨走的时候把饭菜做好了,我吃的时候在微波炉里热一下就可以了。"

老师说："你现在要改变饮食结构了，等你减肥成功了，你的自信心就会增强了，就可以出去工作了，想过以后从事什么工作吗？"

求助者回答："我想自己开一个音乐工作室，可以教孩子乐器。"

老师问："你学过什么乐器？"

求助者回答："我从4岁开始学习钢琴，一直学到初中，钢琴等级考过十级，我也喜欢音乐，可以找几位同行一起开音乐工作室，辅导参加艺考的孩子。"

老师问："现在你为什么不开呢？"

求助者说："我这么胖，一点艺术气质都没有，家长一定不会把孩子送到我这里，孩子也不会喜欢胖老师的。所以，等我减肥成功后再开吧。"

老师问："你小时候父母离婚对你打击大吗？"

求助者回答："那时父母天天吵架，经常吵着要离婚。我觉得家没了，爸爸妈妈不要我了，后来我妈妈跟我说，放心吧，妈妈不会离开你。我妈妈是一位成功的企业家，那时我的花销都是妈妈给的。他们离婚后，妈妈就把我送到国外读高中和大学。以前我在国内学习很好的，没想到去国外之后，环境不适应，也没人约束我了，我想几点睡就几点睡，想不去上课就不去上课，这样我成绩就下降了。勉强读完高中，又去读社区大学，到大二的时候心情烦闷，经常砸东西，就退学回国了。"

老师说："离婚的父母多着呢，再婚的父母也很多，但对孩子来讲，只要有一位家长陪伴在身边，并且能让孩子感觉到爱，孩子就会有安全感，总要比在吵架的环境中长大的孩子要好。因为父母吵架会使孩子心神不定，进而产生自卑、恐惧心理。你后来和妈妈一起生活，就不应该那么早去国外读高中，如果国外有亲属照顾你、监管你会好一些。你到国外突然变成一个人生活，又是青春期，自律性不强，很容易放飞自我，随性生活，开心享受，也不学习了，这样时间长了就会把你的前途毁掉，你觉得我说得对吗？"

求助者回答："老师您说得对，我回想高中的生活，假如妈妈在我身边，我就不会有黑白颠倒的生活，也会好好学习，我的心也会安定一些，在国外一个人生活我非常不适应。"

老师说："是的，你父母从小就没有培养好你的独立性，生活上对你过度地照顾，什么家务活也不让你做，又突然把你一个人送到国外，你没有自理能力，不会照顾自己，适应不了一个人的生活是再正常不过的事了。"

求助者说："是的，我在国外下飞机后，就觉得非常无助。寄宿家庭刚开始对我态度还好，一周后房主就对我很不满意，说我去卫生间后不冲水、吃饭挑食、坐姿不正、不收拾房间，住了不到三个月就把我撵了出去。我一个小女孩，还得找老师、学校帮忙，那时我心情非常不好，又怎么能有心思学习呢？"

老师说："当时你在国外那样，也不能完全怪你，只是你的父母没有把你的独立性培养好。人的独立性是指自己的事情自己做，比如衣服自己洗、自己的房间自己收拾，也要会做一些简单的饭菜，起码自己能照顾自己。同时也要培养自己的主见，知道自己喜欢什么专业，以后从事什么职业，对自己的前途有一个简单的规划，不可以盲目地玩游戏混日子，你现在也要对自己的前途有一个规划。你不可能一直跟妈妈住在一起，你妈妈是女强人，你以后也会很优秀的，你应该有计划、有步骤地实现自己的目标。"

求助者问："老师你看我的人生目标该怎么逐步实现呢？"

老师说："首先，你按照我说的那样调整饮食结构，每天运动一个半小时；其次，培养自己的独立性，学会照顾自己、照顾妈妈。一年后你就可以开自己的工作室，先从工作室开始，以后可以扩大经营，开音乐培训学校。这就是你的整体规划，只要按部就班去做就能实现。"

求助者说："老师我一定会完成我的目标，逐步实现我的理想，我们加微信吧，以后我会经常向您请教，可以吗？"

老师说："可以的，今天的咨询就到这里吧，以后有事情随时联系我。"

将近三个小时的咨询结束了，求助者信心满满地走了。一周后求助者妈妈电话反馈说："孩子像变了一个人，现在作息规律了，也学着收拾房间，还让我教她做菜，还说以后要开音乐工作室，也有生活目标了。"

解题式心理咨询个案解析

一、根据求助者叙述,得知以下几个已知条件:

1. 求助者高中去国外读书。
2. 求助者上初中时父母离婚,由母亲抚养。
3. 求助者母亲是职业女性,工作非常忙。
4. 求助者自理能力极差,在国外读书期间,经常被房主撵出去。
5. 求助者适应不了大学学习的强度,大二退学回国。
6. 求助者回国后,黑白颠倒、生活颓废。

二、根据已知条件,推理出以下几个未知条件,通过与求助者有目的的问话,将这些未知条件转换成已知条件,进而解决求助者的困惑,达到咨询目标。

1. 求助者出国后的生活状态是什么样的?
2. 求助者今后的发展方向是什么?
3. 求助者有没有主动改变的愿望?
4. 求助者在生活方面需要哪些改变?怎么帮助求助者制订改变计划?

半熟家庭

案例

"留守女孩"的心理问题

> 求助者：女孩，17岁，高三学生，由父亲带来咨询。

家长叙述：一个月前，女儿在班里和同学发生冲突，在学校大哭大叫，老师找到我，让我带孩子去医院检查。我带女儿去当地医院的心理科检查，女儿被诊断为应激障碍。医生开了药，让孩子回家静养。女儿在静养三天后坚决要求回学校继续读书。早晨将女儿送到学校，中午就接到老师电话，让我把女儿接回家。老师说我女儿回学校后，老师在前面讲课，她就到讲台上与老师反复纠缠，导致老师无法讲课。中午，我又把孩子带回了家。孩子回家后，不想在家里待着，就想回学校，孩子说还有几个月就高考了，得抓紧时间学习。孩子目前的状态，学校不同意她回去读书，怕影响到其他同学学习，可是她这样在家里也不会好起来，我想找心理老师帮助孩子打开心结，能正常学习、参加高考。

咨询目标：打开求助者心结，使其生活、学习状态恢复正常，最终参加高考。

老师请孩子父亲回避后，问孩子："你知道爸爸为什么把你带到这里吗?"

孩子说:"爸爸跟我说我得病了,找心理老师帮助我疏导一下。"

老师问:"你能说说为什么和同学发生冲突吗?"

孩子说:"这得从头说起,我初三的时候父母一直吵架,后来妈妈去了国外打工,爸爸心情不好,每天喝完酒就睡觉。有一次我在家里找东西,无意中发现了父母的离婚证,知道他们瞒着我离婚了。记得妈妈在去国外之前告诉我,只要我能考上重点高中,她就会从国外回来陪我。我从此以后拼命读书,每天不说一句话,中考时以优秀的成绩考上了重点高中。我把这个好消息告诉了妈妈,妈妈只说了一句'很好'就没再说什么。我问妈妈什么时候回来,妈妈说她还得在国外打工几年,说要给我挣足学费,还要给家人买一套大房子,还告诉我好好学习,放寒假时可以让爸爸带着我到国外去看她。上高中后,我一直有个心结,觉得妈妈和爸爸都骗了我,他们离婚也不告诉我。妈妈出国前还跟我说只要我考上重点高中,她就回来陪我,没想到我考上了重点高中,她还要在国外打工几年。平时爸爸也不知道关心我,也不和我聊天,他只知道喝酒、睡觉。我心情压抑,也不愿意和同学交往,每天上学、放学都是独自一人,放学后还要给爸爸做饭、照顾他。上高中后,我每天都说不了几句话,同学们都把我看成一个怪人。我们班还有一位男生和我的境遇一样,他妈妈也去了国外打工,他爸爸一个人带着他生活,他也像我一样遭到同学的嘲讽。他性格内向,不爱说话,同学们经常欺负他。到了高三,学习气氛很紧张,大家也很焦虑。有一天自习课,我也不知道为什么,突然站起来跟同学们说:'我知道就要高考了,是决定我们命运的时候,也是检查我们十年寒窗苦读结果的时候,大家焦虑也没什么用处,只有面对。'同学们听了我说的话,都感觉莫名其妙,我也感觉自己莫名其妙,为什么要说这些话,我自己也不知道。又过了几天,我看见和我境遇一样的那个男生在愁眉苦脸地看书,我给他写了一张纸条,纸条上写着:'要相信自己,你一定能考上大学,你背后有我支持你!'我把这张纸条递给他后,被同学们发现了,同学们起哄说我给这个男生写情书,还让他给大家读一读情书的内容。没想到这个男生真的站了起来,把纸条的内容大声地读给大家听,同学们一起嘲笑我,我羞愧难当,直接崩溃了,到男生面前一把将纸条抢回来,骂了男生一句,就往教室门外走去。我感觉大家都在嘲笑我、讽刺我、看不起我,我更恨那个男生。我本身是同情他、鼓励他,他怎么能把我给他写的话念给大家听呢?我没有回班里上课,在操场上转圈,后来爸爸把我接回家去了,第二天带我去医院看了病,医生说我没有什么大事儿,后来就来到你这里了。"

老师问:"你从高一到高三这两年多来每天都只说几句话吗?你以前也是内向性格不爱说话吗?"

孩子回答:"以前妈妈在的时候,我和妈妈有说不完的话,初中时也有几个好朋友,我们处得非常好,经常在一起玩。自从妈妈走后,我感觉心情特别不好,也感觉很压抑,也没有和别人说话的愿望了,就一门心思地学习,争取考上好大学。"

老师问:"你每天和爸爸也不聊天吗?"

孩子说:"自从妈妈走后,爸爸每天都不高兴,也不愿意和我聊天，他就喜欢一个人坐那儿喝酒，喝完就睡，我放学回家还要照顾他。"

老师问："你发现爸爸妈妈的离婚证后，有什么感觉？"

孩子说："妈妈走之前只说去国外打工，没说他们离婚啊！我感觉妈妈不要我了。"

老师说："你是妈妈的亲女儿，你妈妈怎么可能不要你呢？你的爸爸妈妈离婚的原因是什么，我不清楚，但是有一点我非常清楚，你是爸爸妈妈唯一的女儿，他们都爱你，你妈妈永远都不会不要你，你放心吧。等你妈妈从国外回来后，还会和你生活在一起。你爸爸妈妈离婚没告诉你，不是欺骗你，那时你年龄小，他们担心你知道这件事情后会影响你的情绪，也会影响你的学习。他们也没想到你还是发现了离婚证，并把这件事藏在心里。"

孩子说："我发现离婚证后，总觉得爸爸妈妈欺骗了我，妈妈不要我了，所以才去国外打工。"

老师说："你妈妈怎么能不要你呢，你这种想法就是错误的。你妈妈在国外经常给家里寄钱，你知道吗？"

女孩说："我知道，妈妈经常往家里寄钱，爸爸也告诉了我。"

老师说："你妈妈往家里寄钱，证明你妈妈的心里还是有你和你爸爸，你们还是一家人，如果你妈妈不爱你爸爸了，是不会往家里寄钱的。即使寄了钱，也是你的抚养费，也没有多少钱。你知道每次妈妈往家里寄多少钱吗？"

女孩说："妈妈每月都会往家里寄两到三万元，爸爸都告诉我了。"

老师说:"一个人在国外每天辛苦工作十几个小时,把自己赚的血汗钱都寄回国内,你知道这个人会把钱寄给谁吗?"

孩子说:"那么辛苦赚的钱,一定是寄给她最亲的人。"

老师说:"你妈妈也是这样,把辛苦赚到的钱都寄给你和爸爸,就证明你和爸爸是她最亲的人,也就是妈妈的家人,你说我说得对吗?"

孩子说:"老师你说得对,爸爸妈妈还有我,本身就是一家人,妈妈赚到的钱不寄给我们寄给谁呢?"

老师说:"你这么想就对了,这就证明妈妈是爱你的,你怎么能说她不要你了呢?"

孩子说:"那是我误解妈妈了。"

老师说:"你就是误解了妈妈。"

孩子说:"我爸爸为什么每天一个人喝闷酒,看着很不开心的样子呢?"

老师说:"那是爸爸想妈妈想难受了,你试想一下,假如你是爸爸,你的妻子在国外打工赚钱,那么辛苦,一年也见不到一面,你能不难受吗?"

孩子说:"要是我,也会难受的,就像我现在想妈妈一样。老师,我还有一件事一直放在心里,能跟你说说吗?"

老师说:"可以的,你说说吧。"

孩子说:"高一寒假,我和爸爸去国外看了妈妈,妈妈到机场接我们,给我们安顿好、陪我们一起吃了饭就走了。第二天又带我们到各处去转了转,晚上妈妈又离开了,没和我们住在一起。当时我心里就很奇怪,妈妈住在哪里?为什么不跟我们住在一起?我问爸爸,爸爸也不说。"

老师问:"妈妈每天陪你们玩,到晚上就离开了,不陪你们住,她住在哪里呢?"

孩子回答:"我在国外那几天一直有这个疑问。有一天晚上我们吃完饭,妈妈把我和爸爸送回住处就离开了。我借口出去买东西,打车跟着妈妈坐的出租车。20分钟后妈妈下车了,我也下车在后面远远地跟着,看着妈妈进到一间公寓里。我去敲门,妈妈开门后很吃惊地看着我,问我怎么找到她这里的。我就告诉妈妈我是跟踪她过来的。我跟妈妈说话时,从房间里出来一位比妈妈大得多的男人,他问妈妈,这是谁呀?妈妈跟他说,是我的女儿。妈妈让我管他叫叔叔,我看他比我爸爸大多了,我应该管他叫大爷。我在房间里坐了一会儿,就回去找爸爸了。我把这件事情告诉了爸爸,爸爸一点都没有吃惊。我问爸爸,妈妈为什么又找了一个男人在一起生活,是不要我们了吗?爸爸说,妈妈不是不要我们了,他们是为了省房费,合租在一起。我半信半疑,我当时感觉那位大爷和妈妈说话的语气、表情不是普通合租的邻居关系,而是很亲近的关系。

"几天后,爸爸带着我回国了,妈妈去机场送我们,对我们依依不舍,妈妈和我都哭着道别。从这一点上看,妈妈还是爱我们的。但我不明白,妈妈为什么非要扔下我和爸爸出国赚钱?为什么又要和一个那么大岁数的男人在一起生活呢?"

老师说:"你妈妈出国打工,是为了以后你们有更好的生活、换更大的房子、买一辆好车。如果你妈妈不出国打工,单凭妈妈和爸爸挣的工资,怎么能买得起大房子呢,你家现在住多大的房子,有几间卧室?"

孩子说:"我家现在住两居室,有一间非常小的客厅。"

老师说:"按照你的描述,你家现在住的房子也就60平方米左右。你妈妈一定想买一套好小区的房子,有三居室,还有一个宽敞明亮的客厅,以及一个好的物业。像这样的房子在你们当地,怎么也得70万元左右,你爸爸妈妈挣的工资合在一起不到一万元,就是你爸爸妈妈不吃、不喝、不消费,也得攒上七十年。正因为这样,你妈妈才想出国打工,你妈妈出国打工每个月就能赚到两到三万元人民币,一年下来妈妈就能赚30万左右,在国外打工三年后回国就能买得起刚刚说的那样的好房子了,也就是100平方米左右的三居室了。你妈妈是不是喜欢跟邻居或者亲朋好友比较,看看谁家住的房子更大、开的车更好?"

孩子说:"我妈妈经常这样和别人家比较,常常说谁家又买大房子了,又换好车了。妈妈特别羡慕别人家新买了大房子、又换了好车,说自己一定也要赚钱买大房子和好车。"

老师说:"这就是你妈妈非要出国赚钱的原因,你没看到妈妈总往家里寄钱吗,是为了让你爸爸把钱存起来,买大房子用。"

孩子说:"我妈妈也不容易,一个人在外面那么辛苦地赚钱,就是为了让我们过上好日子。老师我还有一个疑问,我妈妈为什么在国外跟那么大岁数的男人住在一起呢?"

老师说:"你妈妈白天赚钱打工,晚上照顾这位男士的生活,这位男士每个月给妈妈的薪酬大约人民币8000元。妈妈每晚洗衣、做饭、收拾卫生，和这位男士的关系是雇主和保姆之间的关系。只是他们相处得很好，这位男士对妈妈也很照顾，这样才会让你误解。"

孩子说："原来是这样。我妈妈和这位男士的关系是雇主和保姆的关系，妈妈不让我和爸爸去她的住处看她，是因为妈妈住的地方不是她的家，是雇主的家。"

老师说："你说得对，就是在国内，保姆也不能把自己的亲属随意带到雇主家里。"

孩子说："这我就放心了。我因为这两个问题一直纠结到现在，心口像压了一座大山一样，非常憋屈、难受。每每想起这些事情，就觉得自己是一个没有妈妈的孩子，特别可怜。我这几年跟别人几乎一句话都不说，和爸爸也没有多少沟通，一直心里憋屈着。我努力学习，就是为了忘掉这两件事情，现在我的心结终于打开了，心情也好了。"

老师说："今天咱们的咨询就到这里，明天我们再解决你其他的问题。"

三个多小时的咨询结束了，孩子高兴地跟爸爸离开了。

第二天，孩子爸爸带孩子来到咨询室，孩子爸爸对老师说："我女儿咨询回来后，心情特别好，昨晚我们聊到晚上11点。这么多年了，孩子第一次跟我说这么多的话，太感谢老师了。"

老师请孩子爸爸回避后，问孩子："你昨晚睡眠怎么样？晚饭吃得好吗？"

孩子说："昨晚我睡得非常好，这么多年第一次睡了一个踏实觉。"

老师问:"上次你递纸条的那个男同学,你喜欢他吗?"

孩子说:"我不喜欢他,只觉得他和我同病相怜,我只是同情他。他性格内向,很多同学欺负他,我每天看见他愁眉苦脸地读书,感觉他很焦虑,才给他写的纸条。"

老师问:"你写的纸条里的内容也没有什么不恰当的啊,你当时为什么会那么愤怒,又为什么会崩溃呢?"

孩子说:"他当着全班同学读纸条的内容,我感觉自己就像被别人扒光了衣服,站在众人面前被大家嘲笑一样。"

老师问:"你为什么有这种感觉呢?纸条的内容都是一些鼓励的话,这为何会使你感到羞愤呢?"

孩子说:"'你背后有我支持'这句话,不是显示出我对他有好感吗?"

老师说:"你对他有好感,也不是这样说的啊。你们的老师不也是在背后支持着你们,相信你们一定能考上好大学吗?这样的话你们老师不也经常讲吗?"

孩子说:"我们老师的确经常说这句话。"

老师说:"那你们老师说这句话能证明老师对你们都有好感吗?应该不是这个意思吧?"

孩子说:"老师您这样说,我觉得心中对他真有一丝好感。"

老师说:"你那不叫好感,你是把同情当成爱情了,这不是一回事。你只是同情、怜悯他,这不叫好感,更不是爱情。如果你纸条中这样写'我相信你一定会考好的,因为我爱你',这才是你给男同学写的情书。"

孩子说:"我不可能这样写,这样写太直白了,显得我更没面子了,太主动了,没有一点女孩的矜持。"

老师说:"你既然没有那样写,当这位男同学在全班同学面前读你写的纸条的内容时,你就不应该反应那么大,更不应该抢回那张纸条,还把它撕得粉碎。你应该跟同学们笑呵呵地说:'我只是鼓励他,看他每天苦大仇深地读书,逗他开心一下,这有什么呢?'如果你真要这样笑呵呵地说,全班同学都会觉得没什么不对,也就不会起哄了。"

孩子说:"老师,让您这么一说,我觉得也没什么大事,我当时为什么那么激动呢?又为什么那么在意这件事呢?"

老师说:"你在意这件事,是因为你内心对这位男生有一丝丝好感,同学起哄更使你积压多年的情绪爆发出来。这件事只是一根导火索。一个人连续三四年一天都说不上几句话,足以证明这个人的内心是多么纠结,愤怒情绪积压得太多了,一旦碰到导火索就会爆炸,你就是这样的。"

孩子说:"老师您说得太对了,因为前几件事情在我心中积压了那么多年,我一直感觉委屈、憋屈、绝望,妄图通过拼命学习转移自己的注意力,其实纠结的根源还在,完全没有化解,这就是我当时崩溃的根本原因。老师您打开了我掩藏多年的心结,使我有一种卸下千斤重担、浑身轻松的感觉,更有一种与人交流的渴望,仿佛又回到了小学和初中时快乐的时光。"

老师说:"你的心结打开了,一切症状都随之消失了,你那么要强,又爱学习,问题解决了,明天你就回学校上课吧,准备高考。"

一个月后,孩子爸爸打电话反馈说:"孩子一切正常了,也爱说爱笑了,每天都努力学习,备战高考。"

🔔 解题式心理咨询个案解析

一、根据求助者叙述,得知以下几个已知条件:

1. 求助者上初中时,妈妈去国外打工。

2. 求助者的妈妈向求助者承诺考上重点高中后,就回国,却未能兑现承诺。

3. 求助者无意中发现了父母的离婚证,感觉被父母欺骗,妈妈不要自己了。

4. 求助者的父亲每天和求助者沟通很少。

5. 求助者与父亲去国外看望妈妈,发现妈妈和另一位男人住在一起。

6. 自从母亲出国后,求助者心情烦闷,每天不说话,只会埋头学习。

7. 求助者鼓励男同学的纸条被同学发现,当众读出来,导致求助者崩溃。

二、根据已知条件,推理出以下几个未知条件,通过与求助者有目的的对话,将这些未知条件转换成已知条件,进而解决求助者的困惑,达到咨询目标。

1. 求助者的父母离婚后,对对方是否还有感情?
2. 求助者的母亲没有兑现承诺的原因是什么?
3. 求助者为什么会误解妈妈?
4. 求助者不与人沟通的心结是什么?怎么打开?
5. 男同学当众读出纸条内容,求助者为什么会崩溃?怎样帮助求助者面对这件事?

第2章

恋爱情感问题篇

恋爱,是两个人基于一定的条件和共同恋爱的人生理想,在各自内心形成的对对方最真挚的仰慕,并渴望对方成为自己终身伴侣的最强烈、最稳定、最专一的感情。

恋爱，是两个人基于一定的条件和共同恋爱的人生理想，在各自内心形成的对对方最真挚的仰慕，并渴望对方成为自己终身伴侣的最强烈、最稳定、最专一的感情。

一般来说，选择恋爱对象都是从眼缘开始，异性的眼缘是指初次见面看着顺眼，有似曾相识的感觉。这种感觉起源于童年对异性长辈或者印象较为深刻的影视剧作品中偶像的形象，没有眼缘就没有一见钟情。可是光有眼缘还远远不够，还需要匹配自身的修养和家庭背景，仅一味地追求眼缘而不顾其他条件，长时间相处后，往往就会感觉对方不适合自己，就会出现分手的问题，有的结婚后也会发生婚变。

在心理咨询观摩学习中，确实有很多个案都是由于双方对客观情况、价值观等缺少最基本的了解，盲目地相处，最后导致了失恋或者婚变。

下面就以个案的形式具体表述恋爱情感部分出现的问题。

第2章 恋爱情感问题篇

案例

红玫瑰与白月光，成熟的爱情观有多重要

求助者：男，20岁，大二，由姑姑领来咨询。

姑姑叙述： 孩子失恋后整个暑假只在家待着，哪儿也不去。现在已经开学了，孩子不想回学校读书，家长很犯愁，特带孩子来咨询。

姑姑回避后，求助者叙述自己在大一的时候交了一个女友，后来自己喜欢上女友的闺密了，跟女友分手后和她的闺密相处了一段时间，感觉不合适，前女友闺密提出分手。分手后，感觉还是前女友好，去找前女友复合，前女友坚决不同意，求助者感觉自己很失败、很痛苦、很郁闷，不想上学。

咨询目标： 使求助者能够回学校上学，坦然面对情感问题。

老师问求助者："你和前女友相处多长时间，对前女友的优点和缺点了解多少？"

求助者回答："我的前女友是我的同班同学，刚上大学时我就喜欢上了她，向她表白，她也接受了，我们相处了一学期。前女友

长得很漂亮，但是对我管束太多，我反而觉得她的闺密是一位性格温柔、善解人意的女孩。于是，我向女友提出了分手。女友不同意，纠缠了一个多月后才正式分手。我开始追求她的闺密。"

老师又问："你的前女友只是性格有些强势，她都管束你哪些方面？"

求助者回答："比如说，头没洗、衣服不换、吃饭声音大、睡得晚、玩游戏、跟同学聚会喝酒，前女友都会管，自己感觉很难受，好像又回到我妈身边了。"

老师接着问："你前女友管你这些事情，好像也是为你好。"

求助者说："我上大学了，脱离父母管束了，以为自由了，没承想又遇到一个管我的女友，让我很不开心。"

老师问："你以前在家都是谁管你这些事情？比如给你洗衣服、买衣服、让你洗头、讲究个人卫生，不让你喝酒、玩游戏，都是谁在照顾和管束你？"

求助者说："从小到大，直到上高中，都是妈妈照顾和管束我，我一直以为上大学了就可以放飞自我，学习也没那么紧张，不用像以前那样天天学习，天天听妈妈唠叨了。没承想处了这个女友，天天约束我。"

老师问："你上大学第一学期有没有挂科？"

求助者说："挂了三科，补考后过了两科，还有一科毕业时再考。"

老师问："挂科之后有什么感觉，能不能说一说？"

求助者说："上大学后学习还是很紧张，不好好学习还是容易挂科的,并不是我想象中的彻底自由了。"

老师问:"你前女友学习怎么样?"

求助者说:"前女友是学霸,在我们系都能排到前几名。"

老师说:"你前女友是学霸,看到你不学习,她能开心吗?她也为你着急。"

求助者说:"我当时也不听她的话,经常跟着寝室的同学一起玩游戏、喝酒,为了学习的事前女友跟我吵了很多次,现在回想起来她管得对,如果听她的话好好学习,我不至于挂这么多科。"

老师问:"你追到了前女友的闺密,跟她相处感觉怎么样?"

求助者说:"前女友的闺密表面上看温柔体贴、善解人意、不强势,相处之后没想到比前女友管得还厉害,总说我不成熟、不稳重、不务正业。"

老师问:"那你知道什么叫务正业吗?"

求助者回答:"务正业就是学习呗!"

老师说:"上大学不能只是学习,是进入社会的第一步,学习专业知识是必须的,同时也要提高自己的情商。你知道情商的定义是什么吗?"

求助者说:"对情商没研究过,只听说过人的智商有高低之分。"

老师说:"智商是学习某一样专业知识的能力,通常称为IQ。情商称为EQ,是指觉察自我、觉察他人以及社交能力指数,也就是说人要了解自己的优点和缺点,了解别人的优点和缺点,以及为人处世的能力。

"你对前女友的了解不够清楚,她的优点不只是形象好。第一,她学习好说明很有上进心；第二，她在生活和学习上管束你，希望你不要在大学期间混日子，是责任心的体现，也是对你有感情的体现。要不然她没事管你干什么，惹你生气，也惹自己生气，最后你还提出分手，你这就是情商低的体现，你也伤了前女友的心。"

求助者说："老师你说得对，我现在也后悔了，不知道该怎么办了。"

老师问："你跟她闺密相处感觉怎么样？"

求助者回答："刚开始还好，后来越处感觉越不好。她比我前女友管得还厉害，还经常贬低我，说我幼稚、不稳重、没有上进心，还不讲个人卫生、吃饭吧唧嘴，说我没素质。我感觉越处越不舒服，还不如前女友呢！没想到前女友的闺密提出了分手，把我甩了。我心情很压抑，放假前找前女友想跟她和好，被拒绝。现在开学了，我连大学都不想念了，以后怎么办？"

老师说："你因为感情的问题都不想读大学了，这是你人生目标不明确。人一辈子不只会遇到失恋问题，还有你以后事业发展方向的问题，还有你自己的奋斗目标，你仅仅因为失恋就不想上大学了，毁了自己的前途，你觉得值得吗？你看看成年人，结婚十多年也有离婚的，也没见这些人离婚后不出去工作了，天天待在家里苦闷着啊！你不能一遇到困难就逃避。"

求助者问："那我心里难受怎么办？"

老师说："谁失恋心里都难受，这是正常的心理现象，你需要想办法解决才行。"

求助者问："那我目前该怎么办？"

老师说:"目前有可能会出现两种情况,一是你和前女友提出复合,她说什么都不会同意;二是前女友看到你的真心,有可能会同意和你复合。第一种情况是完全可能出现的,因为当初你伤透了人家的心,即使出现了第一种情况,你就不读书了吗?就不回学校了吗?那这辈子你就不找对象了吗?你要真不回去读书,你前女友也会看不起你的。"

老师接着说:"读大学后,你们都是成人了,谈恋爱是很正常的事,失恋也是正常的事,没有比较就没有区别,也不会知道什么样的人适合自己,你也可以再找。但在大学期间,读书是最主要的,其次要扩展自己的知识面、参加学校的校团活动、提高自己的社交能力,为以后进入社会打下基础。"

求助者问:"老师,你说我向前女友提出复合能成功吗?"

老师说:"你可以去找前女友,我告诉你怎么跟她说,你就说:'以前都是我太任性、太幼稚了,你管束我的那些事情,我越想越觉得对,你都是为我好,我还觉得自己被约束,那时我真是不懂事,也把你的心给伤了。我以后会好好学习,不玩游戏,也不跟室友聚会喝酒了,把心思放在学习上,有时间去参加学校社团活动,提升自己的社交能力。希望你能给我一次机会,看看我的表现。'你的前女友肯定会问你,你跟我的闺密怎么不交往了,你一定要说你闺密也是一个很不错的女孩,只是我不适合她,因为我心里放不下你,还是跟你在一起开心,有满满的正能量。

"你跟前女友说了这些,你前女友有可能会给你一次机会,但你一定不要说前女友闺密的坏话。另外,为表达你的诚心,一定要买一份她喜欢的礼物送给她，如果她推辞不要，你一定要说：这是我的心意，即使我们不能相处，你也一定要收下我的心意，留着做纪念。你前女友喜欢什么你知道吗？"

求助者说："她好像喜欢一款新手机，但一直没舍得买。"

老师说："正好现在开学了，你买好手机去学校见她，把我教你的话与她说一遍，并把手机送给她，她看到你真诚的道歉并且也觉得你改变了，完全有可能会给你一次机会。你今天回去后洗澡、买新衣服、准备礼物回学校，干干净净地、清爽地去见她，千万别去乞求她，不然她会看不起你，也不会同意和你复合。之后告诉我结果怎么样。"

老师又问："你知道为什么我要你说这段话才有可能和前女友和好吗？"

求助者说："我不知道。"

老师说："你说你改变了，想学习，要参加学校社团，你前女友一定会开心的，你要知道前女友内心想要的男友是什么样。一是希望男友有上进心，而不是天天玩游戏、喝酒混日子，浪费了大学时光；二是希望男友有较高的情商，也就是社交能力；三是希望男友高大帅气、干净利索、没有恶习。你只是占了高大帅气，但是你还需要穿着整洁、讲卫生。你不了解前女友喜欢什么样的男生，她又怎么能接受你呢，了解别人的想法、别人的优缺点，是你情商高的体现。人的社交能力可以通过参加学校社团提升，结交有上进心、社交能力强的同学，你就会慢慢改变自己，这也就是近朱者赤的道理。"

求助者说："老师我听懂了，我知道以后该怎么做了。"

三个小时的咨询结束了，求助者和姑姑满意地离开了工作室。

一周以后，求助者来电话说他和前女友和好了，现在他信心满满地学习，并进入社团提升自己。

解题式心理咨询个案解析

一、根据求助者叙述，得知以下几个已知条件：

1．求助者系大二男生，因失恋不想上学。

2．求助者与女友相处期间，喜欢上了女友的闺密。

3．求助者与前女友的闺密相处后，因为性格不合分手。感觉前女友更好，想重新追求。前女友不同意，感觉很郁闷。

二、根据已知条件，推理出以下几个未知条件，通过与求助者有目的的问话，将这些未知条件转换成已知条件，进而解决求助者的困惑，达到咨询目标。

1．求助者前女友的优点是什么？

2．求助者和前女友是谁主动提出的分手？分手原因是什么？

3．求助者与前女友的闺密相处，为什么会分手？

4．求助者为什么要重新追求前女友？

5．求助者的前女友对求助者有哪些意见？

6．怎么帮助求助者建立正确的爱情观？

案例

一段感情中,比坚持更难的,是懂得及时止损

求助者:女,38岁,本科,未婚。

自诉: 我三年前认识了现在的男友。男友是离异的,带着一个孩子,没有正当职业。刚开始我们的感情很好,那时我的生意做得不错,后来生意不好了,男友就处处挑我的毛病,我们经常吵架。不仅如此,男友还在网上结识女网友,弄得我们又争吵不断。更严重的是,男友找各种理由提出分手,可是我不甘心就这样分手。情绪无法平复,特来咨询。

咨询目标: 使求助者认清男友,及时止损。

老师问求助者:"你们相处多长时间了,你刚刚认识男友的时候你是怎么自我介绍的,他又是怎样自我介绍的?"

求助者回答:"我们是三年前经朋友介绍认识的。我跟他说我是做生意的,生意还可以,未婚,一直没有找到合适的男友。当时男友说他的条件有点配不上我,他说自己离异了,有一个儿子,和他父母同住,他是自由职业者。说完这些男友还有一些不好意思。那时候我的生意还可以,赚的钱也足够我们生活,只要他对我好就行。看他那真诚的样子,我动心了。之后的一段时间我们经常在一

起吃饭、聊天。他很会说话,也知道照顾我,连我爱吃什么菜都记得清清楚楚。不仅如此,他还做得一手好饭菜,会收拾房间、做家务。我们一起品茶、品酒,生活得很惬意。一个月后,我们便同居了。我白天上班,赚的钱都拿回家,回到家里男友会把我喜欢吃的饭菜摆在桌子上。我们一起聊天、吃饭,饭后散步。当时我真诚地觉得,这就是我想要的生活。后来他把孩子接到家里,孩子对我也很尊重,我都想将来干脆不要孩子了。没承想,今年生意不好了,不能像以前那样天天往家拿钱,我也在家休息了半年。这期间,我几次提出要和他结婚,他都说先缓一缓。以前生意好的时候,都是他说要登记结婚,可那时我生意太忙了,总想着闲下来再结婚。现在我生意不好赋闲在家,他却不肯结婚了。我们两个人都不上班。这半年,他的脾气明显大了起来,也不做家务了,还经常挑我的毛病吵架。他现在提出要跟我分手,可我不甘心。三年多的时间,我付出了全部的感情和金钱,怎么能说分手就分手呢?男友为了分手,主动提出要给我4万元分手费,还说这四万是管他父母借的。我不同意分手,这根本不是钱的事。我这几天心里特别难受,才来找您咨询,看看怎么办。"

老师问:"你了解你的男友吗,他离婚是什么原因,你知道吗?"

求助者回答:"我觉得我男友形象很好,也知道体贴人。至于他离婚,据他自己说是他前妻出轨了。"

老师说:"那是你男友自己说的,他说什么你都信。你只知道他形象好,怎么不想一想他为何一直不上班?一个大男人不肯赚钱养家,怎么能说是务正业的人呢?我感觉他就想找一个有钱的女人来照顾他。你男友没跟你说过他对今后生活的想法吗？"

求助者回答："他说过的。我每天拿回家的钱，他都要数一数，边数边说，照这样攒下去，两年就能买一个二三百平方米的小别墅了，再攒两年就能买一辆豪车了，这才是真正的生活。"

老师问："你怎么能把每天赚的钱都拿给他呢？你们又没结婚，万一哪天他提出分手，不还你钱怎么办？"

求助者回答："我就是想让他开心。他数钱的时候特别开心，也很憧憬今后的生活，我听着特别有幸福感。他没上班，可是每天都要做一桌子好菜，又给我和他儿子买衣服，孩子上学还要花钱，我不拿钱回家，又怎么生活呢？"

老师说："假如你的男友真心对你好，能同甘共苦也就罢了，但是他找你的目的不是为了你这个人，而是为了你的钱。假如你赚的钱无法满足他的物质需求，他就会对你失望，因为他向往的生活没有办法实现了。如此，他就会找下一个有钱的女人，帮助他实现物质上的目标。你觉得我说的对不对？"

求助者回答："好像没错。我生意不好的时候，他好像变了一个人。以前他百般体贴，现在天天抱怨，找碴吵架，更提出分手。"

老师说："你觉得你们这样还能过下去吗？你也不是天天都能赚钱啊！万一你哪天不能赚钱或者生病了，他立刻就会离你而去，这样的男人是靠吃软饭生活的。"

求助者问："那我今后怎么办才好呢？"

老师说："你有独立赚钱的能力，能养活自己，为什么非得找一个吃软饭的伴侣呢？你现在经济独立了，可是在心理上依赖性太强,这就叫失去自我了。你之所以感觉难受,是因为跟他生活三年多,适应了跟他生活的模式和被他照顾的感觉,突然分手你会有一种严重的不适应感。你也清楚地知道这个男人只能同甘不能共苦,跟他过一生是不可能的。你只是心中不甘,一是你不甘心付出了全部的感情,二是付出了辛苦钱,三是你陷入了他为你们编织的关于未来幸福的梦,你现在觉得这个梦会实现吗?"

求助者回答:"除非我能像以前那么能赚钱,可是这个梦现在破灭了。"

老师又说:"你现在需要的是及时止损。你们天天吵架,在一起也不开心,他也决绝地提出了分手,勉强在一起又能有什么好结果?你现在收好4万元分手费,回娘家休整一个月左右,心情就会好起来。之后你再研究下一步做什么生意,也要相信你将来会遇到适合自己的男人,再开始新生活。"

求助者问:"什么样的男人适合我呢?"

老师回答:"首先你要了解自己的优点和缺点。你擅长做生意,说明你很聪明,有经商头脑,只是挑对象眼光太差。以后你要找一个有固定工作、收入稳定又爱你的男人。首先,你找的男人要合你的眼缘,其次他要有上进心,没有恶习,父母都是正经人,这些是最低标准。"

求助者说:"我回去想一想,尽快跟他分手,重新安排生活。"

三个多小时的咨询结束后,求助者离开了工作室。半个月后求助者来电话反馈说:"跟男友分手了,现在回到了娘家,平静一段时间再好好考虑今后的生活。"

解题式心理咨询个案解析

本个案中求助者的男友是典型的吃软饭、好吃懒做的男人。咨询目标是使求助者认清自己的男友是什么样的人，及时止损。

一、根据求助者叙述，得知以下几个已知条件：

1．求助者38岁女性，生意人。

2．求助者男友离异，带孩子，没有正当职业。

3、求助者生意好和生意不好时，男友对她的态度截然不同。

4．求助者男友在求助者生意不好时，提出分手。

二、根据已知条件，推理出以下几个未知条件，通过与求助者有目的的问话，将这些未知条件转换成已知条件，进而解决求助者的困惑，达到咨询目标。

1．求助者与男友是如何认识的？

2．求助者与男友相处期间，对男友了解多少？

3．求助者男友为什么不工作？

4．求助者生意不好时，男友对求助者不好，具体体现在哪些方面？

5．如何帮助求助者提高情商，使求助者感情不再受到伤害。

第2章 恋爱情感问题篇

案例

她的梦想，曾是变成他喜欢的样子

> 求助者：女，研究生毕业，35岁，外资企业高管，形象气质俱佳，春节假期来做咨询。

自诉： 我两年前认识了现在的男友，男友是上市公司总裁，离异，孩子归前妻。我们二人是偶然认识的，双方都是一见钟情。我们相处两年多了，可我发现男友对自己越来越冷淡。我多次提出结婚，男友都以工作忙为由推脱。我的年龄越来越大了，很有危机感。我们属于异地恋，他又很忙，总是聚少离多。年末放假，我本以为能和男友在一起过春节，他又出国开会了。过节期间，我父母提出想见一见他，商量我们的婚事，他又因为工作繁忙无法见我父母。对此我感到很烦恼，特来咨询。

咨询目标： 帮助求助者分析男友是不是适合自己结婚的对象。

老师问："你能把和男友相处的过程详细说一说吗？"

求助者回答："我和男友已经相识两年多了，是在一次朋友的聚会上认识的，他介绍自己是上市公司的总裁。他为人非常低调，和我算是一见钟情，自从那次聚会后，我们经常联系，他也到我工作所在的城市与我约会。刚开始相处的一年里我们频繁约会，可是最近一年他对我冷淡了许多,也不主动来和我约会了。我感觉他好像有点变心了。"

老师问:"你这位男友多大了?"

求助者回答:"他42岁,离异,有一个女儿归前妻抚养。他长得非常帅,和我很般配。"

老师问:"你长得非常漂亮,工作也好,身边就没有男士追你吗?"

求助者说:"我的择偶标准很高,一是要高大英俊;二是要事业有成;三是要成熟稳重、善解人意,这样的男人我才喜欢。以前追我的男人非常多,有富二代,有暴发户,他们有的素质不高。我毕竟是读书人,没有素质的人哪怕钱再多我也不喜欢。至于我现在的男友,我觉得跟他在一起有安全感。"

老师问:"他是上市公司总裁,你为什么不到他的公司工作?这样可以长相厮守,也方便进一步发展。"

求助者说:"我在公司从基层做起,一点一点做到高管,领导非常器重我,我也有发展空间。作为一名职业女性,应该有独立的事业,不应该依赖男友。"

老师问:"每次你男友和你约会是不是都是他主动找你的?"

求助者说:"每次都是男友坐飞机来到我这里,平均一两个月见一次面,能待两三天。现在半年也见不了一面,上次约会还是我去找的他,跟我在一起待了一天后,他就说工作忙,离开了。"

老师说:"你男友说工作忙只是借口。他不喜欢你为什么不直接提出分手呢,还要这样冷淡你?"

第 2 章　恋爱情感问题篇

求助者说:"我男友这个人不会主动提出分手。"

老师问:"他为什么会这样?"

求助者说:"他主动提出分手,就会觉得亏欠我。"

老师说:"男女相处是平等的,相处不合适提出分手也是正常的,他为什么觉得亏欠你呢,欠你什么?"

求助者说:"他可能感觉欠我的感情。"

老师说:"在你和他相处期间,一些重要的日子他会送你什么礼物?"

求助者说:"感情好的时候,各种节日他都不会忘记,都会给我买小礼物送给我,现在什么都忘记了。"

老师说:"你虽然气质、形象都出众,但毕竟年龄也不小了。你男友的公司里年轻、漂亮、学历高的女孩很多,对你来说也是一种挑战,毕竟你们没有结婚、没有孩子,还长期异地恋。开始相处的时候你们之间是激情期,都巴不得天天黏在一起,激情期过后进入平淡期,这段时间也就在半年到一年左右,你们就应该结婚了,但是你当时为什么不提出结婚呢?"

求助者说:"我当时也想过结婚,可我还想对他多了解一些。"

老师说:"这样的成功男人,你和他相处一段时间就应该考虑结婚了,你还想考查他哪些方面,你和男友又不在同一个城市,不可以天天见面。"

求助者说:"我们相处一年后,我也反复提出过和他结婚,我担心他公司的女孩也想嫁给他,毕竟他是钻石王老五。"

老师说:"你说得非常对,这样的钻石王老五,有多少年轻、漂亮、优秀的女孩都想嫁给他？一旦他经不住诱惑，你们的关系就会出现危机。"

求助者说："现在我们的关系就出现危机了，我也不能问他我们出什么问题了，为什么对我不热情了。"

老师问："你们之间关系都这样了，为什么不能直接问？"

求助者说："我担心这样直接问他，引起他反感怎么办？"

老师问："你们相处两年多，为什么有些话不能直接问他，你们之间为什么不能坦诚交流呢？"

求助者说："以前我也问过他我们之间感情的问题，他都说挺好啊，就是现在我要问他，他也会跟我说'我们处得挺好啊，就是我太忙了，对不起了'。"

老师说："恋人之间像你们这样，又怎么能交心呢？这就是你们感情出现问题的关键所在。"

求助者说："夫妻间相敬如宾不是最好的相处方式吗？"

老师说："相敬如宾是恋人间相处时彬彬有礼、彼此礼让有加，你没觉得夫妻这样会离心离德吗？"

求助者说："是有一点，但是和我男友这样的人物，我都不知道怎么相处了，生怕哪句话把他惹生气了。"

老师说："你不是他的下属，而是他的恋人，你和他小心翼翼地相处，不觉得很累吗？"

求助者说："是的，我跟他在一起的时候，有时也感觉很紧张，一直不敢带他见我父母，怕他看不起他们。"

老师问："你父母是做什么的？"

求助者说:"我父母都是退休教师,住在两居室的房子里,一辈子没有大的本事。"

老师说:"父母是生你养你的人,在你的思想里,你要接纳自己的父母,你担心男友看不起你父母,实际上是你自己的内心不接纳他们,总觉得父母没有能力,给你丢面子,这就是你内心的虚荣。由于你的虚荣心,找到了这位有钱的男友,你生怕失去他,越小心翼翼地和他相处,你们越不会交心,你们的感情越会出现问题。"

求助者说:"我好不容易找到符合我要求的男友,在他面前只想着尽量保持自己的好形象,怕他看不上我。"

老师问:"你是怎么保持自己的好形象的?"

求助者说:"每次跟他在一起吃饭,我都不敢吃饱;也不敢在他面前剔牙;就连晚上睡觉都不敢完全卸妆、素面朝天地对着他。"

老师说:"你们这样相处,很像上级和下级,根本不像恋人,你男友没说过你吗?不卸妆他看着也不舒服。"

求助者说:"我告诉男友我不喜欢晚上卸妆,其实我知道皮肤也需要呼吸,带着妆睡觉对皮肤是有害的。"

老师问:"你每次跟他在一起也不会超过三五天吧?"

求助者说:"是的,如果在一起时间长我也受不了。再说我也需要定期去美容院打玻尿酸,保持年轻状态。"

老师说:"人要保持自己的自然状态,随着年龄的增长,容颜一定会衰老,单纯靠美容产品维持是很难的。有的人开始相处时没觉得多好,随着时间的推移越处越觉得为人很好,恋人间相处也是这样,时间越长越能体现出这个人吸引别人的地方,就是体贴、理解、会换位思考，这样相处时间越久感情越深，并不是单纯靠伪装自己、讨好别人来维持这种关系的。"

求助者问："我和我男友的相处哪里出现问题了？"

老师说："你跟男友相处时，小心翼翼就是假模假样，极力讨好他，这样相处不会长久的。你本身素质高、形象好、气质好，就应该以自己的真实面目与他相处，让他真正了解你的为人和人品，这样才能使他深深爱上你、离不开你。你总担心他单位年轻的女孩和你竞争，其实你这么想也是错误的，你的优势不只是气质好、形象好，你还是见识广、事业心强、有主见的职业女性，那些年轻的女孩又怎么能跟你比呢！"

求助者说："我也知道我的长处，但是和他在一起就是总担心。"

老师说："你和男友相处的模式出现问题了。你们彼此都不坦诚，都没有把自己的真实一面展现给对方，你感觉和他相处很辛苦，他觉得跟你相处也不舒服，太过拘束，这样时间久了你们都会逃避对方，就像你男友不愿意见你一样。"

求助者问："那我现在怎么办呢？我毕竟年龄大了，父母也在催婚。"

老师说："你找男友坦诚地谈一谈，如果他愿意和你在一起，你就调到他所在的城市工作，也要把他带到你父母那里，你也要去见他的父母。你们相处两年了，连对方的父母都没见过，那是不想结婚的意思。"

求助者说："好的，我知道了，这几天我就安排时间去见他。"

两个多小时的咨询结束了，一个月后求助者反馈说："和男友长谈了一次，男友也觉得和我在一起不舒服，但又不好意思直接提分手，只好这样拖着。我觉得自己也拖不起了，于是主动提出了分手。现在我把精力放在工作上，也总结了这次失恋的经验，恋爱的男女一定要把自己最真实的一面展现给对方，不合适就分手，相处舒服就应该结婚、在一起生活。谢谢老师让我看到了这一点，以后有事再请教您。"

解题式心理咨询个案解析

一、根据求助者叙述，得知以下几个已知条件：

1. 求助者35岁，研究生学历，未婚，公司高管；求助者男友42岁，上市公司总裁，离异，女儿归女方抚养。

2. 求助者认为男友各方面条件都符合自己择偶标准，极力维持这段感情。

3. 求助者与男友相处两年，异地恋。

4. 近期求助者男友冷落求助者，求助者感觉男友变心了。

二、根据已知条件，推理出以下几个未知条件，通过与求助者有目的的问话，将这些未知条件转换成已知条件，进而解决求助者的困惑，达到咨询目标。

1. 求助者与男友是怎么认识的，相处模式如何？

2.求助者与男友相处期间,是否感觉舒适?

3.求助者与男友相处,谁更主动看望对方?

4.求助者的爱情观是什么?

5.求助者与男友相处期间,男友是否有想结婚的想法?双方是否见过对方父母?

第2章 恋爱情感问题篇

案例

目睹过家暴的男友长大了

求助者:女,27岁,本科,企业技术人员。

自诉: 经朋友介绍认识男友。男友身高1.82米,体重80千克,高中毕业。刚开始相处时,男友对我无微不至;相处半年多后,我才发现男友脾气暴躁,经常因为一件小事对我破口大骂,严重时还会扇我耳光。打过我之后,他又百般道歉,表现得很好。然而没过多久,就因为和朋友吃饭时我多说了一句话,男友觉得很没面子,回家又扇我耳光。我提出分手,男友就跪下道歉,反反复复,让我感到特别烦恼,前来咨询。

咨询目标: 使求助者认识到家暴的危害以及男友与她的差距。

老师问:"你跟男友怎么认识的,你对他了解多少,能详细说说吗?"

求助者回答:"我和男友是经朋友介绍认识的,见面后觉得他的形象很符合我要求,在一起吃饭也知道照顾我,感觉他是一个细心、体贴的人,于是我就答应和他相处了。"

老师问:"你去过他家里,见过他的父母吗?"

求助者说:"我去过他家里。他父母对我非常热情,第一次见面还给我一个大红包。"

老师说:"这都是表面现象,我想问你的是他的父母相处得好吗?"

求助者说:"我男友后来也跟我说过他父母的事。他父母年轻时就吵架,他妈妈爱唠叨,他爸爸脾气火暴,他妈妈唠叨时间长了,他爸爸就会打他妈妈耳光,还不让他妈妈大声哭,因为他爸爸听到哭声就心烦。"

老师说:"你男友从小在家暴环境中长大。有这样成长经历的孩子,一是长大后也容易像他爸爸一样用暴力解决问题,二是这样的孩子也可能极度自卑、不自信、性格懦弱。"

求助者说:"我男友自己也说,上中学的时候同学没人敢欺负他,谁欺负他,他就打谁。现在给别人打工,和主管领导相处得也不好,总觉得自己的能力比领导强,时常抱怨,所以在一个单位做不了太长的时间就会换工作。"

老师说:"你男友在外面工作时,压抑了自己的情绪,和你在一起的时候,一旦你说的某一句话他不愿意听,他可能就会暴跳如雷,释放自己在外被压抑的情绪。他打你耳光也就是他发泄压抑情绪的一种方式,也是他从小耳闻目睹后的发泄方式。"

求助者说:"他总家暴,我受不了。回家和父母说这事,我母亲大怒,'我养你二十多年都没舍得打你一次,把你当宝贝似的捧着,没想到找的男友敢打你,就这样你还不跟他分开?'我父母要找男友算账,可我拦着不让他们去。"

老师问:"你为什么阻止父母找你男友讨说法?"

求助者说:"我男友除了打我耳光的时候可恶,平时对我还是细心、体贴的。他也没有什么恶习，知道下班回家，也知道做家务。"

老师说："单纯从你男友有家暴行为这一点来说，就不能容忍。你每次被打后是什么感受？"

求助者说："每次我挨完打都提出分手，不想跟他在一起了，我被打后耳朵里面嗡嗡响，大脑晕晕的。"

老师说："你男友只是打你的脸，如果打到你的耳朵，可能会把你的耳膜打穿孔，你就什么也听不见了，那就糟糕了。"

求助者说："我跟他相处一年多了。我对他有感情，每次挨打后都在想是不是我哪里做得不好，是不是我也需要改正。"

老师说："你这种想法就是内归因。你是不是被他打怕了？有什么问题是不能沟通的，非要动手打人吗？你没看见他妈妈被他爸爸打了一辈子吗？"

求助者说："我去他家时也没看见他妈妈多难受。后来又去了几次，他妈妈也告诉我做女人一定要把男人照顾好，把男人惹生气了，自己就会吃亏的。"

老师说："你不管怎么样，也是大学毕业生，怎么能这么无知呢？打人不打脸，打脸没尊严，这是对你最大的侮辱。"

求助者说："一开始的时候我也跟父母讲男友对我家暴，后来我就不跟他们说了。男友生气时打我耳光，我都求他不要打我脸，别人看到脸上有伤，我没法解释，从此男友就往我身上打。"

老师说："人不可以没有尊严地活着。你们还没有结婚，他就对你家暴，结婚后你就会像他妈妈一样挨一辈子打。你是职业女性，经济独立，为什么找一个这样没素质的男人呢？你心里不感觉委屈吗？"

求助者说:"挨打不舒服,心里还会感觉特别委屈,我现在经常头疼,记忆力也不好了。"

老师说:"人的头部经常被打,一定会有损伤。你为什么不和他提出分手?你们又没结婚、又没孩子,哪怕结婚后出现这种情况也得提出离婚,这种事对你伤害太严重了。"

求助者说:"我男友打完我也后悔,每次都求我不要离开他,甚至还会跪下哀求,并且保证自己会改正。但是当我顶撞他时,他又会控制不住地打我,打完后又求我原谅他,最多能保持20天左右,之后还会打我,这样反反复复。"

老师问:"你为什么要受这种折磨呢?"

求助者说:"我总觉得给他足够的爱,他就会改变。他在家暴环境中长大,没有得到过爱,因为缺爱变得脾气火暴,我相信我的爱会改变他。"

老师说:"你男友脾气暴躁,一部分是由遗传决定的,当然这也和他小时候的成长环境有直接关系。他目睹爸爸家暴,他就会觉得家暴是解决家庭问题最直接的方式,简单、粗暴、实用。他爸爸一打他妈妈,他妈妈立刻不唠叨了;每次你唠叨他,他也给你几个耳光,你立刻也闭嘴了,清静了,这就是他家暴的根源,就是他根深蒂固的思想,这与他文化修养不高有直接的关系。"

求助者问:"我男友怎么才能改变呢,他也是一个心地善良的人。"

老师说:"他的脾气暴躁是性格缺陷,应该建议你男友来做心理咨询,学会控制情绪。他更需要提高文化修养。你是读书人,素质也高，经济独立，你就不是粗暴的女人，你跟这样的男人相处不会和谐的。我要是你的父亲，也会坚决反对你们相处的。"

求助者说："我从小到大都不会骂人，也不会打人。谁欺负我，我只会跟他理论几句。因为我父母都是教师，他们也拌嘴，但绝对不会动手打人。"

老师说："你的家庭是知识分子家庭，与他的家庭门不当、户不对。你男友没有受过高等教育，做事风格简单、粗暴。你只是看到男友好的一面，比如说形象好、会做家务、知道照顾你，可是这些作为伴侣是远远不够的。伴侣之间还需要精神上的沟通，你们相处时有共同话题吗？"

求助者说："我们在一起时也没什么共同话题。他总是抱怨领导不给他涨工资，抱怨自己工作很辛苦，每月挣得不多，还经常说同事找到了多么有钱的女友，想买什么就买什么。他说这些话时，我都会怼他，一个男人没能力怎么能总指着女人呢？我一说这话他就生气，再说几句就会挨打，我立刻就闭嘴了。男友说我瞧不起他，说我欠揍，还是没有把我打服。"

老师说："你还敢怼他，那还真是不害怕，你这个人倒是挺倔强的。"

求助者说："我从小就是认准一件事就一直坚持，人人都说我性格倔强。"

老师说："你认准一项事业，坚持做下去，这是你的优点。你做事业容易成功，可谈恋爱不是搞事业，明明知道他如此暴力你还能坚持和他交往一年多，真是不容易啊。"

求助者说:"从内心讲,我也害怕他把我打伤了,我现在经常头疼,记忆力都下降了。这样的人很难改变,我也觉得我改变不了他。我得好好考虑一下分手的问题了。"

老师说:"你刚才说,你的男友是由于缺爱出现家暴行为,这完全是借口。缺爱是独立性不强的体现,你男友都这么大了,缺什么爱呢?他应该学着爱别人。他这样暴力,哪个女孩敢和他在一起呢?和这样的男人在一起就是自我摧残。你自己不要试图改变他,你又不是专业人员,我建议你男友找专业的心理老师帮助他,让他学会控制自己的情绪,学会爱别人,但也需要你的男友配合。"

两个多小时的咨询结束了,求助者两个月后反馈说:"跟男友分手了,也劝他找心理老师帮助他。这次恋爱经历刻骨铭心,以后要找一个和自己般配的男友恋爱结婚。谢谢老师,以后有事再请教您。"

解题式心理咨询个案解析

一、根据求助者叙述,得知以下几个已知条件:

1. 求助者27岁,本科毕业,未婚,企业技术人员。

2. 求助者男友,高中毕业,打工者。

3. 求助者男友在家暴环境中长大。

4. 求助者每次受家暴后,都会从自身找原因,这是典型的"向内归因"。

第2章 恋爱情感问题篇

二、根据已知条件，推理出以下几个未知条件，通过与求助者有目的的问话，将这些未知条件转换成已知条件，进而解决求助者的困惑，达到咨询目标。

1. 求助者男友为什么会有家暴行为？
2. 求助者男友的母亲受到丈夫的家暴后，是什么态度？
3. 求助者性格倔强，为什么还会和家暴男友相处一年多？
4. 求助者总是试图用爱感化男友，男友为什么不改变呢？
5. 求助者受家暴后的后果是什么，又有哪些感受？

遇上妈宝男，还要不要坚持

求助者：女，27岁，本科，教师。

自诉： 我与男友相处两年多。男友大专学历，在事业单位工作，每天下班回家就玩游戏，一点家务活儿也不做。男友妈妈经常到我们的住处做饭、打扫卫生。更可气的是，男友晚上要陪妈妈睡，遇事都找妈妈商量，好像我是外人一样，特烦恼，想分手，故来咨询。

咨询目标： 让求助者认清男友是否适合自己。

老师问："你能详细讲一讲和男友相识的过程吗，你喜欢对方什么？"

求助者回答："我们是经朋友介绍认识的，他的形象和我挺般配，有房有车，工作也稳定，是适合结婚的对象。"

老师问："他自己的房子面积多大，是做什么工作的？"

求助者回答："他有一所公寓，大约40平方米。他是职业司机，车是单位的。"

老师问："房子虽然小，毕竟是自己的房子，车是单位的，但是自己随时都能开，这也算是有房有车。你跟男友在一起后，对他的家庭了解吗？"

求助者说:"他是单亲家庭,跟着母亲长大。"

老师问:"你看中他身上哪些优点了?"

求助者说:"他这个人很善良,没有太大的恶习,只是每天回家后喜欢玩游戏。"

老师问:"那他身上有什么缺点呢,你了解吗?"

求助者说:"他这个人很随性的,有房住、有衣穿、有饭吃就行,没有太高的追求,这也是让我生气的地方。"

老师问:"他就没有跟你说过对未来生活和事业的设想吗?"

求助者说:"他没说过什么设想。他每天玩游戏玩到半夜就睡觉,早起上班,下班回家后吃完饭再接着玩。"

老师问:"你就没跟你男友讨论过未来吗?以后你们结婚也在这小房子里住吗?两个人生活还可以,要是有孩子了,这么小的房子也住不下,怎么办?你们想过没有呢?"

求助者说:"我跟他提起这事他就很烦躁,说过一天算一天,想那么远干什么。"

老师问:"你男友这样与世无争,可生活是现实的,他没有上进心,你们这个家谁来支撑?你们现在在一起生活的日常费用都谁来支付?"

求助者说:"日常吃饭、买菜的费用都是我支付的。他只负责交水电费、物业费。"

老师问:"每天谁收拾房间、做饭?"

求助者说:"洗衣服、做饭、收拾房间基本都是我来做,他妈妈也经常来家里帮助收拾房间、洗衣服、做饭。"

老师问:"你男友的妈妈经常去你们家吗,在你们那儿过夜吗?"

求助者说:"是的,经常来我们家帮助做家务,我倒是挺感激的,但是她经常对我做的家务不满意,比如说衣服洗得不干净、房间收拾得不彻底、饭菜做得不可口等等。指责我这些我倒不在意,就是她晚上会住在我们这里,我非常不习惯。每次住这里非要我男友陪她一起睡,两个人小声说话到很晚,我更是反感。"

老师问:"你们住的房子那么小,你男友和她妈妈说话的内容你也能听见吧,他们都说什么使你反感的话了?"

求助者说:"我男友和他妈妈聊一些工作上的事,这些事情我男友都不征求我的意见,只听他妈妈给他出的主意。我男友的妈妈一来我家,我就像外人一样,在一旁也插不进话。"

老师问:"你事后有和男友沟通吗,男友怎么说?"

求助者说:"我男友什么事都听他妈妈的,只和他妈妈商量,不让我问他的事,也不会征求我的意见。"

老师问:"你知道什么样的男人是妈宝男吗?"

求助者说:"我男友这样的就是妈宝男,自己没主见,什么事都听他妈妈的。"

老师说:"妈宝男的成因是小时候家长过于强势,什么事情都替孩子做主,久而久之孩子就没有主见,对家长的依赖性特别强。他们就是'巨婴',也就是没有长大的孩子。你和男友相处已经两年了,就没跟男友讨论过结婚的事吗?"

求助者说:"我跟男友探讨完也没有结果,他还会和他妈妈协商要不要和我结婚。我从他妈妈对我的态度上看得出来,她不同意我们结婚，因为我没有达到她对儿媳妇的要求。"

老师问："你没有达到他妈妈对儿媳妇的要求，他妈妈就不会同意让儿子和你结婚？这样下去，你能耗得起吗？"

求助者说："我跟男友实在耗不起了，他为人很好，可是太幼稚，每天就是混日子，倒也平安稳定，但这种生活不是我想要的。"

老师问："你想要什么样的生活？什么样的男友才符合你的要求？"

求助者说："我喜欢成熟、稳重、有事业心的男人，我不喜欢没主见、不思进取的男人。虽然他是好人，是一个善良的人，但是善良的人多了，也不一定都适合我。"

老师说："从和你的交流中可以看出，你跟男友的妈妈相处得也不好，你的男友也让你失望，我觉得你这两年的时间都可惜了，及时止损才好。"

求助者说："老师你说得对，谈恋爱的时候都感觉不合适，那就不要勉强相处下去，否则，就是对生命的浪费。因为人的好时光也就几十年，趁着年轻努力奋斗、努力工作，找到自己喜欢的人，幸福地生活，才没白活。"

老师说："你总结得太对了，人就不应该浑浑噩噩地过一生，尤其是年轻人，怎么也得拼搏一次，老了才不会觉得遗憾。"

两个多小时的咨询结束了，一周后求助者反馈说："我和男友分手了，我现在感觉很轻松，我要努力工作，希望以后能遇到合适的人。"

解题式心理咨询个案解析

本个案中求助者的男友是典型的妈宝男,生活不自立、没有上进心、没有主见。咨询中,一是让求助者认清自己能否接受与妈宝男在一起生活,二是让求助者认清什么样的男人才适合自己。

一、根据求助者叙述,得知以下几个已知条件:

1. 求助者27岁,本科,教师、积极上进。
2. 求助者男友在事业单位工作。
3. 求助者男友没有事业心、生活得过且过,只爱玩游戏,凡事和妈妈商量。

二、根据已知条件,推理出以下几个未知条件,通过与求助者有目的的问话,将这些未知条件转换成已知条件,进而解决求助者的困惑,达到咨询目标。

1. 求助者对男友有哪些期望?
2. 求助者对未来有哪些设想?
3. 求助者的三观和男友的三观有哪些不同?
4. 求助者对男友有什么评价?是否知道男友是妈宝男?
5. 帮助求助者清晰认识到自己的男友是不是自己结婚的对象。

第2章 恋爱情感问题篇

案例

姐弟恋引发的家庭冲突

> 求助者：大三男生，21岁，由父亲带来咨询。

父亲叙述： 孩子暑假回来告诉我们，他交了一个比自己大10岁的女友，我们家长一致反对。孩子毕业后还要去国外读博，这个女生只是普通本科毕业，已经工作。我们怀疑这个女生看中了我们家的财产，欺骗我们儿子单纯。今天早晨，儿子和他妈妈因为这个女生发生了冲突，我打了他一顿，他跑到阳台上，说如果我们不同意他就要自杀。我好不容易把孩子带到你这里来咨询，看看怎么解决。

咨询目标： 力求帮助求助者找到真爱以及调节亲子关系。

老师请家长回避后问男孩："为什么和家长发生这样大的冲突，能详细说说吗？"

男孩回答："我在大学期间交了一位女友，家里不同意，我非常生气。"

老师问："你已经成人了，谈恋爱是很正常的事，你父母为什么不同意？"

男孩回答:"女友比我大10岁,就是因为年龄比我大所以他们不同意。"

老师问:"你怎么认识你女友的,认识多长时间了,现在发展到什么程度了?"

男孩回答:"我们是在网上玩游戏时认识的,交往有半年了,我非常喜欢她,她对我也非常好,她也经常来我们学校看我,我们也住在一起了。"

老师问:"你女友长得漂亮吗?"

男孩回答:"她在上大学时是校花,也有几次失败的情感经历,她都如实地告诉了我,我不在意。老师,你看看她的照片,你觉得她漂亮吗?"

老师看过照片后回答:"是很漂亮的一位女生,她的身高有一米七吧,好像和你差不多高。"

男孩回答:"是的,我只比她高一厘米。"

老师问:"她现在做什么工作呢?"

男孩回答:"她在一家公司做方案策划。"

老师又问:"她是哪里人,她的父母是做什么的?"

男孩回答:"她是西安人,父母都是普通的上班族。"

老师又问:"你上大学每个月家里给你多少生活费?"

男孩回答:"每个月大约给5000元,就是这个月我玩游戏买装备花得多一些,花去将近1万元玩。"

老师问:"你父母是做什么的?"

男孩回答:"我父亲自己开公司,我母亲是单位领导。"

老师问:"你家里的情况女友知道吗?"

男孩回答:"知道的不多,只知道每月家里给我的钱挺多。"

老师问:"你没向你女友说你父母是做什么的吗?"

男孩回答:"我没有说这些,我担心她看上我家里的钱。"

老师问:"那她看上了你的哪些方面,她没有说吗?"

男孩回答:"她说看上了我的才学,还经常说我是潜力股。"

老师说:"那还好,你跟我说说,你不觉得你的女友年龄比你大得太多吗?"

男孩回答:"法国总统马克龙比他的夫人布丽吉特小二十四岁,他的夫人是他的中学老师,他2017年当选总统时他们已经结婚十年了,生活很幸福。我和我女友才相差十岁,爱情面前年龄不重要。"

老师说:"你说的也对啊,只要有爱情,年龄不是问题。"

男孩说:"是的,我们相处期间,我感觉特别舒服,之前处过的和我年龄相仿的女友都特别任性,都不如她。但是怎么说服我父母,就是问题了。"

老师说:"说服你父母的工作由我来做。"

男孩说:"今天早晨我爸狠狠地打了我一顿,差点没把我打死。"

老师问:"你父亲为什么这样打你?"

男孩回答:"早晨因为我女友的问题,我妈妈和我吵架,我推了妈妈一下,我爸爸看到后大怒,上来就打我。"

老师问:"你为什么要推妈妈一下,把妈妈推倒了吗?"

男孩回答:"我妈妈在我面前指着我的鼻子训斥我,我一生气没控制住，就推了她一把，把她推倒了。我爸爸在一旁看见了，二话不说上来就打。"

老师问："你爸爸年轻时是做什么的，你都这么大了，怎么能打得过你？"

男孩回答："我爸爸身体素质特别好，擅长搏击。这次打我，我跑到床上躲避，他一脚把我踢到床下，真把我往死里打，最后还是我妈妈把我爸爸拉住，不然就把我打死了。"

老师说："你爸爸还是有分寸的，不然你也不能到我这里来了，早在医院躺着了。"

男孩说："这次我特别恨我爸爸，他怎么能这么狠心地打我？"

老师说："因为你把他的妻子推倒了，他自然大怒。假如你女友在外面被别的男人推倒了，你会什么样？"

男孩回答："我可能也会大打出手，失去理智。"

老师说："就是的，你爸爸这样打你证明他爱你妈妈，不然怎么下手这么重，但是你爸爸是有理智的，也是爱你的，起码没把你打伤，只是想教训你一下。你推倒妈妈后，感到后悔吗？"

男孩回答："平时在家里都是妈妈照顾我，爸爸工作很忙，这次把妈妈推倒了，我也很后悔。"

老师说："你妈妈那么爱你，不管她说什么、做什么，你都不可以推妈妈，宁可打自己都不可以推妈妈。你那样推她，你知道她会多伤心吗？因为她把爱全部倾注于你的身上，你为了女友推搡她，她得多痛苦！"

男孩回答："我知道这件事情我做错了，以后再也不会了，

第 2 章　恋爱情感问题篇

但我妈妈也不能干涉我选女友的自由啊。我选什么样的女友，只要我自己喜欢就行，又不是给他们选女友，他们为什么这样横加干涉？"

老师说："因为你选了一个比你大 10 岁的女友，真要说出来，你父母觉得在亲朋好友面前没有面子。你一直是你父母的骄傲，选一个比自己大 10 岁的女友，还是普通家庭的孩子，他们觉得与你不般配，更担心的是你女友看中了你家的财产，并不是真爱你。"

男孩说："老师你说的有道理。"

老师又说："我现在把你父亲叫进来，我来调解这件事。"

老师把孩子父亲请到工作室后，说："我刚才和你的儿子谈了一会儿，觉得应该把孩子妈妈也叫来，一起解决这件事。"

孩子父亲给孩子妈妈打了电话，半小时后，孩子妈妈也来到工作室。

老师对孩子父母说："你们的儿子和她女友相处有半年了，也同居了，你儿子以前交往过几个同龄女友，后来感觉不好都分手了，直到遇到现在的女友。他感觉这个女孩特别好，对他也照顾有加。我也看了他女友的照片，觉得这个女孩长得非常年轻，人也漂亮，还有正当职业，只是年龄上比你们儿子大了几岁，这又有什么关系呢？"

孩子妈妈说："我就觉得我儿子跟她结婚就像掉进了火坑，会害了我儿子。"

老师说："他跟这个女孩结婚怎么是掉进火坑呢？人家女孩也

是大学毕业，接受过高等教育，怎么能说人家就是火坑呢？"

孩子妈妈说："她比我儿子大10岁。"

老师说："爱情与年龄无关啊，有的人就是喜欢年龄比自己大很多的人，一些年龄差距很大的夫妻生活得也很幸福啊，那也不是火坑啊。"

男孩妈妈回答："那是男人比女人大几十岁，又不是女人比男人大几十岁。"

老师说："你这就是男女不平等，再说是她和你儿子在一起生活，又不是和你们夫妻一起生活，只要这个女孩不是坏人，咱们做家长的就不应该阻止。"

男孩妈妈说："她是不是坏人我们也不知道，我们又不了解她。"

老师说："这个女孩真要对你儿子有什么目的性，我都劝他们分手。"

孩子爸爸生气地说："我这孩子太倔强，认准的事就一定要做。"

老师指着男孩说："刚才我们交流了很长时间，你对你爸爸打你这件事情怎么看，现在你和父母说一说。"

男孩说："我听了老师的分析，我认识到我错了，我不应该推妈妈。爸爸因为爱妈妈，看见我把妈妈推倒了，打我是应该的，我不会记恨爸爸，以后我也要学会换位思考。妈妈对不起，以后不管什么事，我宁可打自己也不会推你了。"

男孩又对爸爸说："看见你这样爱妈妈，即使我去国外读书，我也放心了。"

孩子说完后哭了起来，爸爸看到孩子真诚地道歉，也很激动地站了起来，拍拍儿子的肩膀说："儿子，没事了，不要哭了，爸爸也爱你。"

老师说："如果孩子的女友不是贪图你家的财产，他们是真爱，你们会同意他们交往、结婚吗？"

孩子爸爸说："如果她是真的爱我儿子，没有其他目的，我就同意他们交往、结婚，婚礼由我主持。"

孩子妈妈说："你怎么能证明孩子的女友是真爱咱们孩子呢？"

孩子爸爸说："儿子，你现在就给女友打电话，我们在现场听。你说我在心理老师这里，我爸妈已经走了，我爸妈说，如果我不和你分手的话，就不给我生活费和学费，以后不管我了，你看看怎么办。"

老师拿出手机交给男孩说："你同意做这个测试吗？如果你女友爱的不是你，而是你家的财产，听说你父母要和你断绝关系，她就会立刻提出分手，出现了这种情况你要怎么办？"

男孩说："如果她不是爱我，只是爱上了我家的钱财，那我同意分手。"

男孩用老师的手机打给女友，并打开免提功能，说："我坚决要和你交往，我父母不同意，我们一起到心理老师这里来调解，我父母说如果我再和你交往，就跟我断绝亲子关系，生活费和学费都不给了，也不管我了，你看看怎么办？"

女友在电话那端说："你不要太伤心了，以后我养你，你的学费、生活费我给你，只要咱们在一起开心就行。"

老师挂断了电话，对孩子父母说："你们还有什么要说的吗？"

孩子父亲说："看样子他们是真爱。儿子毕业后可以直接登记结婚，之后儿子去国外留学，她陪读吧。结婚那天，我去主持。"

孩子妈妈边哭边说："我也没有办法了，随他吧。"

孩子爸爸对孩子妈妈说："孩子之所以出现今天这样的问题，都是你造成的，从小不让孩子干任何家务，就连现在回家都是早晨把牙膏挤好，菜做好、摆好，再请他出来吃饭，所以我儿子才喜欢年龄大的女人，因为能照顾他。你还哭什么？儿孙自有儿孙福吧。"

三个小时的咨询结束了，一家三口离开了工作室。

解题式心理咨询个案解析

本个案是由于求助者从小被妈妈过度溺爱，上大学后喜欢上了一个对自己照顾得无微不至的女孩，有因就有果就是这个道理。

一、根据求助者叙述，得知以下几个已知条件：

1. 求助者21岁，大三男生。
2. 求助者女友31岁，本科，企业策划。
3. 求助者父母不同意儿子找比自己大10岁的女友。
4. 求助者与恋爱问题与父母产生严重冲突。

二、根据已知条件，推理出以下几个未知条件，通过与求助者有目的的问话，将这些未知条件转换成已知条件，进而解决求助者的困惑,达到咨询目标。

1. 求助者的家境如何?
2. 求助者女友的家庭条件什么样?
3. 求助者女友与求助者恋爱有什么目的性?
4. 怎么验证求助者女友与求助者是真爱?
5. 怎么让求助者父母认可这段恋情?

案例

卑微讨好又渴望控制，
爱情里的样子，与童年息息相关

求助者：女，23岁，本科。

自述： 上初中时，我就有自杀的想法，经常自残。和前男友分手后想自杀的感觉更强烈了，害怕父母伤心，特来咨询。

咨询目标： 帮助求助者从童年的负性情绪记忆中走出来，积极、阳光地面对生活。

老师问："你小的时候就有自杀的想法是因为什么呢，能详细讲讲吗？"

求助者回答："小时候父母经常吵架，父亲在外地工作，母亲脾气火暴，在家经常挑我的毛病，还经常狠狠地打我。小时候我就感觉自己是多余的，哪怕学习再努力也得不到母亲的肯定。考上大学后，我也没觉得有多开心，就是和好朋友出去玩也是暂时的开心，感觉身体里有两个自己，在人前我装成性格开朗的样子，一个人的时候我就觉得压抑、想哭，经常用刀片划自己的腿。"

老师问："你母亲为什么脾气那么大？"

求助者回答："可能是我父亲不在身边吧。我父亲回来的时候他们也经常吵架，不说话便罢，只要说话就会吵架，看到他们吵架我特别恐惧。"

老师又问："你父母因为什么吵架？"

求助者说："可能是因为父亲出轨吧。后来他们离婚了，我归妈妈抚养，她一直没有再婚。"

老师问说"你都上大学了，成人了，你应该有自己的生活，能自己管理自己了。"

求助者说："我上大学后，特别在意老师和同学对我的看法，每天都小心翼翼地生活，一点都不放松，也不开心。"

老师问："你为什么要在意别人对你的看法？这样活着很辛苦啊！人都是自己活自己的，别人对自己的看法是别人的事，自己不要在意。"

求助者说："小时候为了避免妈妈打我，我把自己变得很乖巧，自己有什么想法也不敢说，这种状态持续到了现在。"

老师说："你小时候的生长环境给你留下心理阴影了，这个阴影就是你爸爸妈妈吵架，妈妈脾气不好还打你，你自己不接受自己，也不了解自己。"

求助者说："我是不接受自己，好像每天都在为别人活着。"

老师说："你活在别人的看法里，迎合别人，这在心理学中叫作'失去自我'，你现在需要找回自我、接纳自己。你知道自己身上的优点和缺点是什么吗？"

求助者说："我感觉自己没有什么优点，总会给别人带来伤害或者麻烦，不然为什么总有人说我坏话呢？"

老师问："你怎么知道别人说你坏话的？"

求助者说："跟我关系好一点的同学告诉我，说某一位同学说我很能装，每天假模假样的，很虚伪。"

老师说："无论你怎么迎合别人，终究有人会说你坏话，你做得再好，也会有人看不惯，这都是正常的事情。人不可能做到大家都说你好的程度。你刻意去迎合别人根本没有必要，你需要活出自己来。"

求助者问："什么叫活出自己来？"

老师说："就是你活出'真正的你'，你不喜欢的事情要学会拒绝，要有自己的观点和见解，更不可以随波逐流，大家说对，你也说对。"

求助者说："我懂一些了。"

老师又问："你了解你自己吗？"

求助者说："我觉得我不太了解我自己，我也经常以'本我'的状态生活。"

老师说："本我是心理学中的人格结构理论，是按照自己的本能需要生活，你怎么知道你是按照本我状态生活的？"

求助者说："我上大学期间，没有好好谈过一场恋爱，总是频繁地更换伴侣。"

老师问："为什么不好好地谈一次恋爱呢？"

求助者说："我大学期间也有暗恋的对象，但是他和我另一个女友关系很好，我不能夺人所爱。"

老师问："大学男生多着呢，就没有其他男生追你吗？"

求助者说："追我的男生我都看不上；我喜欢的又觉得自己高

攀不上，不敢去表白。"

老师说："这就是你不自信的表现，我们再回到刚才的问题，你对自己了解多少？"

求助者说："别人都说我很漂亮，可我自己不觉得，别人也说我活泼、外向，我觉得那也只是表面现象。真实的我是不自信、爱哭、感觉压抑的。我一个人的时候这种感觉很强烈。"

老师说："你照镜子看看自己，是不是很漂亮？你的身材和形象都非常好。你的优点是形象好、学习很努力，缺点是不自信、自卑、失去自我、迎合别人。"

求助者说："我是不自信，和前男友相处时，我朋友都说我可以找个比他更好的。我们相处了半年，我总觉得自己配不上他。我的前男友说我考虑问题很悲观，在一起的时候，晚上看到他睡得很香，我都会默默地哭泣，经常不开心。"

老师问："你跟前男友谈恋爱不开心吗？"

求助者说："我跟前男友刚处的一个月还好，后来感觉不好了。前男友也反感我的性格，说我每天没有高兴的时候。"

老师问："那你身边的朋友跟你在一起开心吗？"

求助者说："我和身边的朋友在一起时是另外的一个我，开开心心、无忧无虑。其实那不是真正的我，是我装出来的。我跟前男友在一起的时候，就觉得没必要装了，在他面前表现出真实的自我，因为不能装一辈子啊，他能接受就接受，不能接受就分手。"

老师说："你的内心是不是住着两个人？在朋友面前你有意识地控制自己，你和前男友相处时间长后，表现出忧郁的你才是真正的你，你会出现这种经常忧郁的状态，要归咎于你童年负面情绪的记忆，你一直没有走出来。"

求助者说："老师你说得对，那我怎么走出来呢？"

老师说："你看过电视剧《都挺好》吧？女主角苏明玉的妈妈非常强势，重男轻女。"

求助者回答："我看过，我为苏明玉鸣不平。"

老师问："只是鸣不平吗，你就没有体会吗？"

求助者说："我还真没有想那么多。"

老师说："很多电视剧都有较深的思想含义，不能单纯地看热闹。在这部电视剧中，女主角苏明玉成长的家庭环境，对苏明玉有较深的负面情绪记忆，也给她留下较深的心理阴影，当时她毅然决然地跟家庭决裂，自己出去奋斗，经过努力取得了成功。她没有天天沉浸在痛苦的童年回忆之中，她有事业、有目标、有对伴侣的选择和较强的主见。你看过后没有感觉到苏明玉身上体现出的坚强、勤奋的性格特点吗？"

求助者说："你这样一说，我才感觉到。"

老师说："你的童年虽然有很多不开心的记忆，但是那都已经过去了。现在你已经成年，也毕业了，应该有自己的职业发展方向和择偶的标准，不可以再迷失自我了。因为人只有自己才能给自己安全感。"

求助者说："是这样的。"

老师说："你的妈妈也不容易，一个人供你读高中、读大学，照顾你的生活，她心情不好时会发脾气，你也要理解。"

求助者说:"我偶尔也会这样想,我妈妈一个人也不容易,爸爸经常不给我抚养费,妈妈也没有抱怨爸爸,一直很努力地挣钱养家。"

老师说:"你也要学会接受妈妈,更要学会换位思考。童年的事情已经过去了,你已经成人了,你童年时妈妈虽然偶尔打骂你,但妈妈还是爱你的。你们母女相依为命,她含辛茹苦地把你养大,也是一位伟大的母亲。我也想问问你,每次你妈妈都是因为什么打骂你,你能说说吗?"

求助者说:"都是由于我不收拾房间或者学习拖延、不按时完成作业被老师告状,妈妈回家就会对我破口大骂。"

老师说:"你妈妈的教育方式有问题,不应该对你打骂,而是应该用和你探讨、鼓励的教育方式。有很多父母对自己的孩子用打骂的方式进行教育,因为他们在成长过程中也是被父母打骂长大的,所以就将这种教育方式延续到了孩子的身上,但是他们的出发点都是为孩子好。"

求助者说:"我听妈妈说过,她是被我的姥姥姥爷打骂长大的,有时甚至用柳条抽打她,我妈妈说她现在之所以能成为注册会计师,也是父母严厉管教的结果。"

老师说:"这种教育观念我非常不赞同。因为人都有自觉性和懒惰性,只要旁边有人鼓励孩子,孩子就会成长得很优秀。但是一切都过去了,不要总把不好的事情记在心里。"

求助者说:"现在回想起来,我总是惹我妈妈生气,也不能全怪我妈妈,以后我有了孩子不努力学习,我也可能会打骂他。"

老师说:"就是的,家长都是为孩子好,怎么能只记得挨打、挨骂，不记得家长对自己的抚养之恩和付出的心血呢！"

求助者说："是的，这方面事情我也想开了，放下了，以后我会经常去看妈妈，多给她打电话。她年龄大了还经常打电话关心我。"

老师说："咱们现在说第二个问题，你和你的男友分手多长时间了？你还没有放下他吗？"

求助者说："我和男友分手两个月了，我还是放不下他，经常一个人晚上喝酒，把自己喝醉才能睡着。"

老师问："你和男友分手的主要原因是什么？"

求助者说："我和男友相处，我觉得他很适合我，我也很爱他。我有一个特点，我喜欢的男朋友我会把全部的精力用在他身上。"

老师问："你是怎么把全部的精力都用在他身上的，能详细说说吗？"

求助者说："我会经常给他打电话，每天至少10次，他应酬时我要么跟着一起去，要么要求他必须在晚上10点之前回家，不回家我会反复打电话。我也会经常查看他的手机，还私自把他手机通讯录里的大多数女生都删除了，因为这件事情男友非常生气，但我都是为他好啊，我爱他才这样做的，我要不爱他，为什么每天给他打电话？因为这些小事我们经常吵架。"

老师说："你这样做，你的男友会有一种压迫感和被控制感，没有人身自由，更没有个人空间。"

求助者说："我男友就这样骂我的，可是恋人之间为什么还要个人空间，为什么不能透明些？"

老师说："每个人都要有自己的空间，两个人相处都不可以干涉过度,像你这样私自查他的手机,他连一点隐私都没有了,你说他能不生气吗?还有,每天你频繁地给他打电话,如果他正在工作,你会严重影响他的工作,也会影响他的前途。"

求助者说:"我每天给他打电话,只是不放心他,因为他公司的女员工很多。"

老师说:"你这是不自信的表现,你要相信自己,也要相信你的男友,更要相信你们之间的感情。没有信任感的男女朋友,时间长了终究会分手的。"

求助者说:"我前男友也说我不相信他。还问我,既然不相信他,为什么要和他处朋友,还说我控制欲太强,跟我在一起没有轻松感。我前男友跟我吵完架后会离家出走几天,或者在车里过夜。他这样让我心里特别难受。我这样爱他,他为什么不爱我?"

老师说:"你这不叫爱,爱是给对方自由、给对方空间,就像放风筝一样,你不给它足够长的线它怎么能放飞自我,在天空中飞翔?你总是紧紧地拽着线,它又怎么能飞起来呢?"

求助者说:"是的,跟他相处期间,我特别没有安全感,总是担心他找别的女人,不要我了。"

老师说:"你首先要相信自己,你对他那样好,又给他充分的自由,他也一定会爱你的。再说男女之间,也有一定的缘分存在,如果他真不爱你了,你一定要放手,放手也是一种爱。"

求助者说:"我以后也要学会男女相处的方法,要有自信。"

老师说:"你的自信起源于你做事的成功率,包括你在家做菜的水平,能获得别人的称赞,你会有自信;你的房间收拾得洁净如新,把生活打理得井井有条，也会获得别人的称赞，会说你是一个爱整洁的人。这样的生活小事也会逐渐地建立起你的自信心，所以说人的自信心是从小事做起的。"

求助者说："我知道怎么建立起我的自信心了。"

三个小时的咨询结束了，一个月后求助者反馈说换了新工作，现在跟妈妈关系处好了，心情放松下来，也能感觉到妈妈爱她了，每天很开心，也很努力地工作。

解题式心理咨询个案解析

一、根据求助者叙述，得知以下几点已知条件：

1. 求助者23岁，小时候有自杀的想法。
2. 求助者跟男友分手后，想自杀的感觉更强烈了。
3. 求助者有抑郁倾向。

二、根据以上已知条件，推理出以下几点未知条件，通过与求助者有目的的交流，将未知条件转换成已知条件，进而解决求助者的困惑，达到咨询目标。

1. 求助者小时候有自杀的想法的原因是什么？
2. 求助者对人活着的意义的看法是什么？
3. 与男友分手后更想自杀了，说明求助者依赖性太强，处于完全失去自我的状态。
4. 详细了解求助者的成长经历以及家庭环境。

第 2 章 恋爱情感问题篇

案例 8

别把坏情绪留给最亲近的人

> 求助者：一对恋人。男方，25 岁，本科毕业，企业员工；女方，23 岁，自由职业。

女方叙述： 我和男友相处两年了，我感觉男友时而对我很关心，时而对我很冷漠，我们吵架后，有时半个月不和我联系，在我朋友面前也不给我面子。朋友都劝我跟他分手，我还有一丝不舍，毕竟相处两年了，也有感情，特带他来咨询。

咨询目标： 让求助者男友认识到自己的性格缺陷，逐步加以改正。

老师问女方："你们都因为什么事情吵架，能详细说说吗？"

女方回答："我们开车一起出去，他能因为一件小事就生气，一句话也不说，我在车里感觉非常压抑。出现这种情况，我会气得喊起来。这时，他就会撵我下车，把我扔在半路上，然后他开车扬长而去。"

老师问女方："把你扔在半路上，你心里有什么感觉？"

女方说："因为一件小事他就冲我发火，把我一个人扔在半路上，当时我看他扬长而去，心里特别委屈，就想和他分手。等过了几天,他会主动找到我承认错误,保证以后再也不会这样了,我心一软就原谅他了。他对我好时,真的很细心;对我不好时,也实在是残忍,能狠下心把我一个人扔在马路边。"

老师问:"他每次把你扔下的地方是郊区,还是城市里的闹市区?"

女方说:"每次都扔在闹市区,还没有把我扔在郊区过。"

老师说:"从这一点上看,你男友虽然爱耍脾气,但是知道考虑周全,怕你有危险,只把你扔在闹市区。"

女方说:"那也不能因为一点小事拌嘴,就呵斥我下车,把我扔下不管啊!"

老师问男方:"你把女友赶下车的时候,有什么感受?"

男方回答:"每次我生气时就想把她赶下车,这样我稍微能解恨一些。"

老师问:"男女朋友吵架是常有的事,为什么能提到'恨'这个字?男女朋友拌嘴能引起你的仇恨吗?"

男方回答:"我脾气一上来,情绪就特别不好,仇恨谈不上,就想让她在我眼前消失,才能平复我的心情。"

老师问:"那为什么过几天后,你又找她道歉?"

男方回答:"我是爱她的,虽然她惹我生气时我不想见她,但等我情绪平静后会想她,就去找她道歉。"

老师问女方:"你们之间还有其他能让你愤怒,让你想和他分手的事情吗?"

女方回答:"我再讲一件事情。半个月前的一天晚上,他和朋友出去吃饭，到了半夜，他的朋友给我打电话说他喝多了，让我去接他。我去了之后他们正喝得热火朝天，我想让他回家，他当着朋友面就大骂我，让我自己回去。当时我特别委屈、生气，感到没面子，一气之下我自己打车回家了。第二天他也不联系我，过了半个月他才来我这里道歉，说不该向我发那么大的火，求我原谅他。我当时心一软，又原谅他了。"

老师问男方："当时你女友半夜去接你，是一番好意，怕你喝醉，你怎么能大骂她，又怎么能放心让她一个人打车回家，万一出事怎么办？"

男方回答："我当时喝了很多酒，正在兴头上，她生气地来接我，让我回家，我当时很没面子，借着酒劲就发火了。"

老师说："你不是借着酒劲发火，而是大男子主义思想严重，又好面子，在朋友面前向女友发火，让他们看看你和女友相处时你的地位。其实你这样骂女友也会让你朋友看不起你的，你女友这样体贴，怕你喝醉，半夜来接你，你反而骂她、赶她走，你也放心让她一个人半夜打车回家？假如我是你朋友，也在酒桌上，就会觉得你发火不是冲你女友，而是对我们不满，这样再喝下去就很没意思，就会不欢而散。"

女友说："他经常在朋友面前不给我面子。一次，我带男友参加我朋友的聚会，在饭桌上我男友极力讨好我的一位女性朋友，我们大家都看出来了，我另一位女朋友当时就说他，把自己的女友照顾好就行，不用照顾我们；照顾我们，我们也不领情，你女友还会吃醋。他听完这话脸色就不好了，非要拉着我回家，当时我感到非常难堪,又不得不跟他走。到室外我们就吵了起来,他自己独自走了,又把我扔下了。事后,我的朋友都劝我和他分手。"

老师问女方:"这次你们又冷战了几天,他过了多久才向你道歉的?"

女方说:"过了十天。他说当时太冲动了,说着说着眼泪还流下来了,我当时心又软了下来,再一次原谅了他。"

老师问:"你们相处两年多,经常这样吗?"

女方回答:"他对我好的时候真好,但是经常冷战,事后又道歉,和好后又冷战,再道歉。"

老师又问女方:"你感觉你真的爱你男友吗?"

女方说:"他对我好的时候我真爱他,他跟我吵架我特别想分手,他求我原谅,我心软又原谅了他,这样反反复复我真是受不了。"

老师问男方:"你每次跟她生气的时候是怎么想的?请求她原谅时你又是怎么想的?"

男方回答:"我跟她生气的时候,就特别烦她,就想让她在我眼前消失,但是平静几天后,还是想她,只好去道歉,请求她原谅。"

老师说:"你们这样反反复复的,倒是给对方留下了深刻的印象。人家都说恋爱刚开始时是激情期,激情期过后是平淡期,你们都处两年了,早就到了平淡期,平淡期是恋人相处最舒服的时期,但是你们在平淡期中没感觉到平淡,男方情绪波动实在是太大了,究竟是什么原因呢?"

男方回答:"工作压力是一定有的,但也不是很大,就是跟女友在一起时,感觉三观不合,因为一件小事儿也能吵起来,吵起来后就控制不住自己,不管在哪里就想让她马上离开,没想到过后果,事后才感觉自己太冲动,又去道歉。"

老师对男方说:"你不发脾气的时候是温文尔雅的,发脾气时就像一头暴怒的狮子,不管时间、地点就能把女友撵下车,你就没有想过把女友撵下车,自己扬长而去,万一女友有危险怎么办?就因为一些小事,你说至于吗?"

男方说:"事后想一想,我也感觉自己太冲动,平静几天就去道歉了。"

女方说:"他每次去我那里道歉,我都提出分手,他就苦苦地哀求我原谅他,我心软就原谅他了,这种事经常发生。我也真受不了他这样了。"

老师问男方:"你父母平时吵架吗?"

男方回答:"我父母经常吵架,我父亲脾气太大,爱冲动,经常暴怒、大骂我妈妈,有时还摔东西,骂完后自己摔门扬长而去,在外面平静几天后回家,跟我妈妈道歉,还主动干活。尽管我父亲性格这样,但他心中有我妈妈,也有我,在工作单位人缘也挺好,领导也喜欢他,他跟外人相处得也很好,总是笑脸迎人。"

老师说:"你父亲的性格有些缺陷,他为迎合别人压抑了自己的情绪,对外人态度谦和,笑脸迎人,也不知道拒绝别人不合理的要求,所以外人才叫他老好人。其实他这样是失去自我、压抑自己,回到家才能显现出自己真正的性格,也能毫无顾忌地发泄自己。你性格有些方面像你的父亲,你在单位也一定会受到领导和同事的喜欢。同事们请你帮助,你也很少拒绝。在大家眼中你是一个热心肠的人,可你压抑着自己的心,碍于面子不愿意拒绝别人。你跟女友处时间长了也没把她当成外人,你真实的性格就会显现出来,你说我说得对吗?"

男方回答:"是这样的,在单位里别的同事工作忙不过来时经常找我帮忙,我也不好拒绝,但内心也是不愿意的。"

老师说:"其实我知道你是真心爱你女友的,对吧?"

男方说:"是这样,正因为我特别爱她,才不控制我的想法,也不控制自己的情绪,我女友受不了,经常跟我提出分手,我也特别痛苦。"

老师说:"你虽然特别爱你女友,但是你的脾气这样,一般的女人都受不了,就像你爸爸对你妈妈一样,只是你妈妈接受了你爸爸,所以他们也能过一辈子,但你女友能像你妈妈一样吗?"

女方回答:"他不改变,像他爸爸对妈妈那样,我根本受不了,就想和他分手。"

男方说:"我一定改变自己,控制自己的脾气,不对你发火了。"

女方说:"你这样保证很多次了,我都不相信你了。"

老师说:"我相信男方的保证也是真心的,但是脾气一上来就忘记了。"

老师又对男方说:"你单纯说改变是非常空洞的,你应该从根源上加以改变。就是你和人相处的时候,对于别人提出的不合理要求一定要学会拒绝,不要总想着迎合别人,你以为迎合别人就能升职加薪吗?你的心情就能好吗?

男方回答:"不会好的。"

老师又问:"你的主管领导们也像你一样不知道拒绝吗?"

男方回答:"我的领导们都很有个性,哪怕公司总经理安排的事情,他们认为不合理也会直接找总经理提建议,说出自己的想法。"

老师说:"这些领导之所以能成为领导,就是有自己的见解,如果一味地迎合总经理,公司总经理就会认为他们没有见解、头脑不灵活、不适合做管理工作。所以说你在公司要想出人头地,一定要有自己的见解和看法,也要勇敢地说出来,对别人提出的不合理要求也要拒绝,要有自己的个性,更不可以在单位压抑自己的情绪,回家向女友发泄,这样你女友会受不了的。你没看到你妈妈在你爸爸发火之后,是什么状态吗?"

男方回答:"我妈妈就知道哭。"

老师说:"你真正要改变自己,就像我刚才说的那样做,不只是在单位,对亲朋好友都要这样,要有自己的个性和做事的原则。在外面有能力的人,回家脾气都非常好,也做家务,知道照顾妻子和孩子;在外面没有能力的人,受了气,回家就知道打骂妻子发泄自己压抑的情绪,这样的人就是最窝囊的人。"

女方插话说:"就是的,最没能力的人骂妻子、打孩子。"

男方回答:"我听明白了,都是我性格上的问题,我也要学会拒绝别人,活出自己来,也要像单位的领导们学习,做一个有气场、有主见、有工作能力的男人。"

老师对女方说:"你给男友三个月的时间吧,你看到了他的改变,就好好相处下去,你们毕竟都相处两年了,也有一定的感情了,他也没有什么恶习，内心还是爱你的。"

女方回答："我就给他三个月的时间，让我看到他的变化，不然就分手。"

三个小时的咨询结束了，五个月后女方反馈说男友改变了很多，工作上进了，还升了职，对我也很好，也不发脾气了，他认识到了自己的性格缺陷，在逐渐改变自己，我对他很有信心，谢谢老师了！

❗解题式心理咨询个案解析

本个案中，男方是个绪情波动较大的人，在外面主动迎合别人，有迎合性人格障碍的特点。他不会管理自己的情绪，说明他情商低、不够成熟，咨询师需要直接指出他性格的缺陷，帮助他逐渐完善人格、提高情商，这对恋人才会和谐相处，继续发展下去。

一、根据求助者叙述，得知以下几个已知条件：

1. 求助者男方25岁，本科，企业员工。

2. 求助者女方23岁，自由职业。

3. 求助者男方经常对女方发脾气后又真诚道歉，反反复复。

4. 求助者女方想分手，又心软，产生纠结。

二、根据已知条件，推理出以下几个未知条件，通过与求助者有目的的问话，将这些未知条件转换成已知条件，进而解决求助者的困惑，达到咨询目标。

1. 求助者男方为什么经常跟女方发脾气?
2. 求助者男方在什么样的环境下长大的?
3. 求助者男方在单位与同事关系怎么样?
4. 求助者男方性格缺陷在哪里体现出来的?
5. 求助者男方对女方是不是有真感情?他对这段恋情是什么态度?

第 3 章
夫妻关系问题篇

夫妻相处有道,有些人把婚姻当作恋爱,有些人把婚姻当作过日子,有些人善于经营。不同的相处之道,产生的结果是截然不同的,但万变不离其宗,夫妻感情要做加法,不要做减法。

半 熟 家 庭

　　夫妻关系是男女双方在婚姻登记机关进行结婚登记，取得结婚证，受到婚姻法保护的家庭关系。
　　未经法律认可结合的男女关系叫恋爱关系。恋爱中的男女总想要把自己最好的一面展现给对方。恋爱关系和夫妻关系是有区别的，结婚后恋人变成夫妻。二人生活一段时间，生活中的琐事让双方的缺点逐渐显露出来，不适应的感觉随之出现。这时需要双方重新审视自己，理性思考，调整心态来共同维护今后的夫妻关系。
　　夫妻相处有道，有些人把婚姻当作恋爱，有些人把婚姻当作过日子，有些人善于经营。不同的相处之道，产生的结果是截然不同的，但万变不离其宗，夫妻感情要做加法，不要做减法。
　　首先，相互关心、理解和包容，让夫妻之间的关系更加和睦。夫妻之间要相敬如宾，相互欣赏，多了解对方需求，彼此付出。同时，要接受对方的不完美，接受对方和自己的价值观不同，反思自己，改变自己，包容、理解、支持对方。家是温馨的港湾，是讲爱的地方，不是讲理的地方。为一件小事夫妻间争论不休，吵赢了道理，输了感情，久而久之，婚姻就会亮起红灯。
　　其次，夫妻要把握好职场和家庭的角色转换。职场和家庭是两个完全不同的环境，需要以不同的状态来适应。我们不应把职场的状态带回家。比如，你的职业是教师，在工作中教书育人，教导孩子学习、进步，在学校受到了学生们的尊重，回到家里没有转换好角色，还是以师长的姿态、语气和家人说话，家人就会感觉极不舒服，就有可能会吵架。再比如，你在单位是领导，回到家里没有转换好角色，把领导对下属的态度和语气带回家，或者在家里指手画脚、挑毛病、不干活，家里的人就会感觉非常不适应，导致家庭的不和睦。

下面就以个案的形式具体表述夫妻关系出现的问题。

案例

家庭关系中最大的忌讳就是没有边界感

求助者：男，38岁，外企领导。

自诉： 我与老婆结婚后育有一子，5岁了。我给岳父母在我所居住的小区买了一套100平方米的房子。可是自从孩子出生后，岳父母就把自己的房子出租，到我们家里和老婆一起照顾孩子。我每天回家后，岳母都会做好饭菜，饭后我就会去书房学习。岳父母、儿子和老婆一起看电视、说笑。我学习累了就回卧室睡觉。日复一日，几年过去了，我感觉在这家里不是主人，而是外人。看到老婆跟她的父母还有儿子一起过得非常开心，我的孤独感越来越强了，有了离婚的想法，特来咨询。

咨询目标： 树立家庭边界，缓解家庭矛盾。

老师说："你作为女婿，能为岳父母买房，做得相当好了。你的岳父母对你也很好，帮助你照顾家、照顾孩子，解除你的后顾之忧，让你专心地忙事业。你的事业做得这么成功，他们功不可没。但是有一点，你和你的妻子没有考虑周全，就是你的岳父母把房子出租到你家来照顾你们，这个初衷是好的，但是会造成你们夫妻之间的矛盾。你和妻子、孩子是一家人，你的岳父母是一家人，两家人合在一起生活会造成边界模糊。你回家就有现成的饭吃,什么家务也不需要你做,你的家庭责任仅限于提供经济支持,这样就会造成你们夫妻之间的沟通减少,你跟孩子之间的亲子互动也会减少。时间长了你和妻子、孩子之间的感情就会变淡,我说得对吗?"

求助者说:"的确是这样,我不只跟我妻子沟通减少,连跟我儿子的互动也减少了,我儿子每天都缠着他姥姥姥爷,我妻子跟她妈妈一起做家务、购物、看电视。我回家除了上网学习就是睡觉,第二天早早地起来上班工作。久而久之,我跟妻子和孩子感情变淡是自然的事。我在单位也有与我关系很好的年轻女性,她们对我的状态都表示同情。我和同事在一起可以开心地聊天、工作、吃饭,反而感觉更亲切一些,工作单位才使我有归属感和幸福感,家里却没有。"

老师问:"你在单位和年轻同事在一起的时候,有没有想过要和你妻子离婚,和她们结婚?"

求助者说:"最近一段时间经常有这种想法,也经常拿妻子和她们进行比较。我妻子当年是那样善解人意、关怀体贴,自从有了儿子之后,这一切都消失得无影无踪了。我感觉我妻子眼里只有儿子和她的父母,没有我。"

老师问:"你们之间的夫妻生活怎么样?"

求助者说:"一个月顶多一次,我也没有心情,只是应付应付,有时几个月也没有一次。我妻子的关注点不在夫妻生活方面,而是全放在了儿子和她父母的身上。"

老师问:"你们晚上休息之前,你的妻子都在干什么?睡前你们不沟通吗?"

求助者说:"因为工作了一天挺累的,我每晚十点之前务必睡觉。这时候,我妻子正在高高兴兴地和她父母看电视呢。我们的睡眠时间不同,就没有睡前沟通了。"

老师说:"你妻子有一个观念是完全不对的,可能她自己都没有意识到,在家庭中,夫妻关系才是第一位的,其他关系都是次要的。男人回到家中,也需要妻子的重视、关心和欣赏,而你妻子忽略了这一点,也忽略了你的感受。单位的同事反而对你有足够的尊重、欣赏和重视,如此一来,你的心久而久之就转移到了单位,感觉在单位才有归属感和幸福感。"

求助者说:"的确像老师说的,家里人不重视我,外面有重视我、欣赏我的人。但是一想到离婚,我妻子一定会要孩子的抚养权,心里头有些放不下,毕竟儿子是我亲生的。"

老师问:"你妻子知道你的想法吗?"

求助者说:"我妻子每天过得很幸福,根本不知道我的感受和想法。每天早晨我上班前她问我晚上想吃什么,我会说'随便'。这是她对我唯一的关心了。"

老师说:"你们夫妻感情变淡,主要就是因为你岳父母到家里来住,参与了你们的生活,妻子重心倾向于岳父母和儿子,冷落了你。如果你岳父母回到自己家里,你们夫妻还会和好如初的。千万不要有离婚的想法,毕竟你们是有感情的。"

求助者说:"我怎么能直接开口让我的岳父母回自己家里住呢?他们毕竟照顾这个家五年了,连家务活都不让我做,确实非常辛苦。但是再这样下去我真是受不了,每天就像外人一样,感受不到妻子的温暖和与孩子互动的欢乐。"

老师说:"我要单独跟你妻子谈一谈,让她认识到问题的严重性,你岳父母回家住需要由你的妻子来做工作。"

求助者说:"现在我就给妻子打电话,让她过来。"

老师说:"可以的。"

半小时后,求助者的妻子来到工作室,很诧异地问她爱人:"为什么让我来这里?"

老师抢着回答:"我是心理咨询师,和你老公已经聊了很长时间。他在家里感觉不到温暖,也不开心,感觉自己像外人,才来找我咨询。"

求助者妻子说:"我们一家人很幸福的,我父母把我们家里照顾得很好,他一点都不需要为家操心,怎么会感觉不到温暖呢?"

老师说:"你们夫妻之间缺乏沟通,他下班回家吃完饭就去书房学习,学累了就直接休息;而你和你的父母、孩子一起开开心心地看电视,也不和老公沟通。日复一日,你想过你老公的感受吗?"

求助者妻子说:"我没想那么多,我觉得我的父母把我们照顾得无微不至,把我儿子也带得很好,我在家做全职太太,让老公无后顾之忧,一心一意地做事业,这就够了。"

老师请求助者回避,对求助者妻子说:"人活着不只是需要生活上的照顾,还有情感的沟通。夫妻之间,感情是第一位的,你、你老公和孩子是一家人,应该享受一家三口的快乐,但是你的老公感觉不到这种快乐,为什么?就是由于你的父母来到你家里居住,你的重心偏向了孩子和你的父母,忽略了老公的感受。你老公的感觉是他在家里就是外人，看到你、你父母和孩子一起开开心心地聊天、做家务、看电视，把他冷落在一边。时间久了，你们夫妻的感情就会变淡，就容易发生婚变。"

求助者妻子紧张地说："老师你这样说，是我老公有外遇了吗？他和你说什么了？"

老师说："你老公没有外遇。他是一个有家庭责任感、事业心强、没有恶习的男人，他对你父母也很好。有几个女婿能给岳父母买房呢？他是一个懂得感恩、重感情的人。但是你不应该把父母叫到家里来居住。那是你的亲生父母，你从小和他们在一起生活，他们来到家里你是很适应的。可是你老公的感觉就不一样了，他非常不适应和你的父母在一起生活，你不能因为你有幸福感就认为你的老公和你一样也有幸福感。假如你公公婆婆来你家里居住，照顾你们，你是什么感觉？"

求助者妻子立刻回答："我会非常不适应。我和他们在一起有拘束感，跟他们的生活习惯也不一样，就像家里来了外人一样，住几天还可以，时间长了肯定不行。"

老师说："你不适应跟公婆长期居住，你的老公就适应跟你的父母长期居住吗？他也会感觉家里住进了外人。你跟公婆在一起住的不适应感，就是因为公婆不是你的亲生父母，从小没有在一起生活过，所以说你的父母就应该回到自己的家里去住。你想让他们照顾孩子，可以偶尔把孩子送过去。毕竟你们住在同一个小区，你时常去看望他们也方便。家庭的边界感要清晰，边界感不清会直接影响夫妻感情。"

求助者妻子说:"老师,我知道问题出在哪儿了,我回去后找时机跟父母商量让他们回自己家去住,我也会把孩子送过去。"

老师说:"这就对了,每天你们夫妻吃完晚饭,共同做家务,每晚出去散步,增进夫妻感情。你们多久没有夫妻生活了?"

求助者妻子回答:"有三四个月没有在一起了,因为我们休息的时间不同,我老公工作很累,每晚10点前就睡了,我回卧室睡觉时他已经睡着了。"

老师说:"夫妻生活可以增进夫妻感情,你也一定要重视起来,睡前跟老公说说贴心的话,养成夫妻同时休息的习惯,这样你们夫妻就会和好如初。"

求助者妻子说:"我明白了,我会按照您指导的做。"

老师又说:"你的孩子5岁了,也大了,应该送去幼儿园了,不能一直在家。你也可以考虑出去找一份工作,不要与社会脱节。一直做全职太太,也许会跟老公缺少共同话题,导致夫妻交流脱节,也会影响夫妻感情。"

求助者妻子说:"我知道了。我是应该出去找份工作,不然我们在一起真不知道聊些什么。听了您这番话,我也明白了不能这样一天天在家混日子了。我可以找到一份好工作的,不能在家做全职太太了,不然家庭真就保不住了。"

老师请求助者回到工作室,说:"我和你妻子谈了许多,你妻子认识到了问题的严重性,也知道怎么改变了。现在让你妻子说一说她的想法吧。"

求助者妻子对他说:"老公,我把父母叫到家里住、照顾我们,没考虑到你的感受,老师刚刚用换位思考的方式跟我说了,我觉得老师说得对。假如你的父母到家里长住,我也受不了,会感觉自己像外人一样。咱们回家后,我就跟爸妈谈,让他们回到自己家住,咱们三口是一家人,好好生活。孩子大了不能让他天天在家,该送去幼儿园了。我也要出去找份工作,不然这辈子白活了。"

三个多小时的咨询结束了,夫妻双方均认识到了自己的问题。一个月后求助者来电话反馈说:"妻子和她父母谈了,他们搬回到自己家里了,我们一家三口偶尔也会过去吃饭,一切恢复到正常状态了,妻子准备出去工作了。"

解题式心理咨询个案解析

一、根据求助者叙述,得知以下几点已知条件:

1. 求助者,外企领导,38岁,有一个5岁的儿子。
2. 求助者为岳父母买了一套100平方米的房子。
3. 求助者岳父母把房子出租,到求助者家里居住。
4. 求助者感觉在家里不是男主人,很烦恼,想离婚。
5. 求助者妻子是全职太太。

二、根据已知条件,推理出如下几点未知条件,通过与求助者有目的的交谈,将未知条件转换成已知条件,进而解决求助者的困惑，达到咨询目标。

1．求助者与妻子的感情基础怎么样？

2．求助者是否有外遇？

3．求助者想离婚的真正原因是什么？

4．让求助者妻子一起来咨询，进而解决求助者困惑。

案例

女主外男主内的婚姻,怎样做到相敬如宾

> 求助者:女,35岁,本科,开辅导班,有一个5岁的女儿。

自诉: 娘家经济条件很好,父亲是房地产商,由于我的形象好,婚前有很多追求者。现在的老公没有文化,也没有正式工作,可是他拼了命地追求我。我毕竟是大学生,还有艺术专长,怎么能找这样的男人呢?但是他对我各方面都很照顾,时间久了我被他感动了,于是嫁给了他。婚后,他不出去工作,说"找了一位有钱的老婆,上班有什么用,伺候老婆就是我的工作"。他最大的优点就是会说话,还听我的话,在家里干活,天天哄我开心。可是,每次带他出门见朋友我都不好意思介绍他。我知道老公是看上了我娘家的财产。可我们已经有孩子了,我又能怎么样呢?我要这样委屈地和他生活一辈子吗?我很烦恼,特来咨询。

咨询目标:

让求助者接受不完美的老公,减轻心理负担。

心理咨询师不可以带着评判的心态看待求助者老公,但也需要帮助求助者不再纠结。

老师问求助者："你是怎么认识你老公的？"

求助者回答："我在朋友的聚会上认识的他，之后他就开始追求我。他很有男子气概，个子高，为人爽快、大气，只是没有正式的工作。他一直哄着我，什么事都依着我，时间长了我也很受感动，觉得他让我很有安全感，能被他照顾一辈子也不错。我家人当时不同意我们结婚，在我的坚持下勉强同意了，还给我们买了婚房。这几年我老公天天在家照顾我和孩子，会做一手好菜，家务都是由他来做，从这点上看，我还是很幸福的，但是当朋友们问起我老公是做什么工作的，我总是没法回答。偶尔把老公带出去与朋友聚会，我的朋友们都属于知识分子，我老公跟他们在一起显得格格不入，我看着不舒服，也感觉没面子。从朋友看我老公的眼神中，我也能读懂他们的意思，他们不明白我为什么找一个这样没有文化的人在一起生活，这一点也让我感到十分烦恼。"

老师问："你老公是不是没有什么恶习，比如和一些朋友花天酒地？"

求助者回答："我老公没有这些恶习，也不和不三不四的人接触，再说他也看不惯有恶习的人。"

老师说："你老公既然没有什么恶习，又知道照顾你和孩子，这样的男人是家庭型的好男人啊。"

求助者回答："从这个角度来说，他还挺好的。"

老师说："你老公没有正式的工作，但是他把照顾你和孩子当成他的工作了。如果没有他的照顾，你怎么能安心出去工作赚钱，孩子又由谁来照顾呢？"

求助者说:"这话说得对,没有老公的照顾,我无法安心在外工作,孩子从小到大都是他在照顾,我每天回家看到桌上摆满了我喜欢吃的饭菜也会有一种幸福感。"

老师说:"家庭责任是由两个人共同承担的,一般来说男人倾向于在外赚钱养家,女人倾向于做家务、照顾孩子,可是你家的情况正好相反,你能说你老公在家庭里不重要吗?他承担了一半的责任。"

求助者说:"没有我老公在家照顾孩子,我也不能出去安心工作。更何况我热爱我的事业,不想因为照顾孩子而影响工作。"

老师说:"你之所以感觉不舒服,是太在意朋友对你老公的评价了。他们只看到了你老公没文化、粗俗、不上进的一面,却不知道你老公是一个实在、细心、大气的男人,把你和孩子照顾得无微不至。你和你老公生活在一起,幸福或不幸福你问问自己的内心就知道了,不能听别人的。"

求助者问:"那为什么我心里还是很纠结呢?"

老师回答:"你之所以纠结,是你把自己的丈夫和朋友的丈夫做比较。她们的丈夫都有自己的事业、能言善辩、文质彬彬,而你觉得自己的丈夫没有事业、也不善谈。其实你不应该这样比较,你那些朋友回到家里有热气腾腾、可口的饭菜等着她们吗?她们工作一天,回到家以后还要做家务、照顾孩子,而你却不用做这些。你的幸福是她们所没有的。"

求助者说:"是的,我那些朋友见面就报怨老公不做家务、不照顾孩子,自己工作很辛苦,也不被老公疼爱。有时候,她们也很羡慕我找到一个知冷知热的男人。"

老师说:"你内心的纠结都是相比较所造成的。人与人之间没有可比性,只要你内心感觉幸福、满足就可以了。在比较中生活,你永远都会感觉纠结和痛苦,因为总有人比你和你老公强,自己过自己的日子,不要去和别人比较,这样你就不纠结了。"

求助者说:"是这样的,每个人都有长处和短处,只要自己感觉好就行。我的问题是出在老是拿我老公和朋友的老公做对比,这也是我的虚荣心在作祟。我应该珍惜现在的日子,好好生活,不再纠结和挑剔。"

三个小时的咨询结束了,求助者平静地离开了。半个月后,求助者电话反馈说自己回家后认真思考了,还是老师说得对,就是自己的虚荣心在作祟,以后会好好生活、努力工作。

解题式心理咨询个案解析

一、根据求助者叙述,得知以下几点已知条件:

1. 求助者女,35岁,本科,开辅导班。

2. 求助者娘家经济条件优越。

3. 求助者与丈夫育有一女儿,5岁。

4. 求助者丈夫无业,在家专职照顾妻子与孩子,做家务、做饭,无怨无悔。

5. 求助者拿自己的丈夫与别人丈夫做比较,产生落差,心里纠结。

二、根据已知条件，推理出如下几点未知条件，通过与求助者有目的的交谈，将未知条件转换成已知条件，进而解决求助者的困惑，达到咨询目标。

1. 求助者丈夫与求助者条件不符，是怎么结婚的？
2. 求助者丈夫的优点有哪些？
3. 求助者家庭状况是女主外、男主内，求助者又为什么感觉纠结呢？

案例

攀比式婚姻，也许正在毁掉你的家庭

求助者：女，本科，33岁。

自诉： 自己来自农村，小时候就是家里的骄傲，父母也一直辛苦供自己读书，毕业后经别人介绍认识了现在的老公。老公家里条件不错，有正式的工作。结婚后有一个女儿，5岁了。老公从来不做家务、不照顾孩子，下班回来就是玩游戏，吃完饭把饭碗一推，自己转身去上网，不然就陪领导吃喝玩乐。日复一日，自己看不到希望，再看看同学的日子过得有声有色，特苦恼，前来咨询。

咨询目标： 建立求助者正确的婚姻观。

老师问："你从小很要强，体现在哪几个方面？"

求助者说："我小时候学习特别努力，同学之间谁的成绩超过我，我就很生气。父母从来不用为我的学业操心，亲朋好友的孩子都不如我学习好。我考上大学，让父母觉得很有面子，家里还给我操办了升学宴。我上大学后，同班女生谁穿得比我好，我心里都不舒服。我去参加同学婚礼，看到她们找的老公各方面都比我老公强，我也很生气。"

老师问："你为什么总喜欢和别人比较呢？你这样比较下去心

情不会好的。总是有人比你强,你换一个更好的环境,比你优秀的人也许更多,你要怎样和别人比较呢?"

求助者说:"我只和周围的人比。"

老师问:"你跟周围的人比什么呢?"

求助者说:"比如他们挣的钱比我多吗,她们找的老公比我老公强吗,等等。"

老师问:"你的丈夫与你合得来就好了,不要拿他和别人做比较。人都有长处和短处,你丈夫有什么优点和缺点吗?"

求助者回答:"我丈夫没什么优点,也没什么缺点。"

老师说:"你丈夫起码没有恶习吧。"

求助者说:"他没有大的恶习,只是回家喜欢玩游戏,不干家务。"

老师说:"那他每天能正常上班吧,有稳定工作吧?"

求助者说:"他在事业单位上班,每月有固定工资。"

老师说:"你当初是怎么认识你丈夫的,你们又相处了多长时间才结婚的。"

求助者说:"我是通过亲属介绍认识我丈夫的,看他人长得还可以,也比较实在,又有稳定工作,我父母对他也非常满意,他对我也非常体贴,我们就结婚了。"

老师说:"他婚后对你好吗?"

求助者说:"婚后他对我谈不上好,也谈不上坏。总之这几年他每天上班、下班、玩游戏,我照顾家、照顾孩子、做饭、收拾房间。"

老师问:"你没有工作吗?"

求助者说:"我开了一间音乐工作室,教乐器,时间很充裕。可是看到我的同学们一个个过得有声有色,反过来看看自己,我又觉得自己的生活平淡无趣,每日重复着,好像一眼就能望得到头。对此我有些不甘心,也会抱怨丈夫没有上进心。"

老师说:"你抱怨丈夫没有上进心,感慨自己不如同学嫁得好,那你自己的事业比这些人强吗?"

求助者说:"结婚后,我自己也懈怠了,不努力工作了。这全都是被我丈夫影响的!我工作完回家后,丈夫玩游戏,我看电视剧,孩子自己学习、自己玩。这样的日子不是我想要的。"

老师问:"你想要什么样的生活?"

求助者说:"我想要的生活就是比周围人过得都好,房子比她们大,事业比她们做得好,丈夫也有出息。"

老师说:"你这完全就是一种攀比心理。人在比较中生活不会幸福的,更不会满足。你要学会接受目前的平淡的生活状态,平平淡淡才是幸福。你住的房子再大,只要够住就行,车再好也只是代步工具,真正的幸福不是比这些外在条件,而在于夫妻之间的感情。一家人和和睦睦才是幸福,你周围生活得比你好的人,他们的家庭都幸福吗?"

求助者说:"有的家庭,夫妻经常吵架,也不幸福。"

老师问:"他们为什么夫妻间经常吵架,家里不和睦?"

求助者说:"我最羡慕的一位女友住别墅,开豪车,丈夫生意做得非常大,我经常让我丈夫跟她丈夫学一学,看看人家日子过得多好,多有出息。哪知道她丈夫在夫妻感情中不忠诚,两人经常为这件事情吵架，我的这位女友也常常向我哭诉她丈夫的劣迹。"

老师说："那你还经常让你丈夫跟女友的丈夫学？"

求助者说："我只是让他跟女友的丈夫学做生意，没让他学人家背叛婚姻。再说我丈夫现在挣那点工资也不容他有二心。"

老师说："你丈夫也有自己的优点。他本本分分地上班，本本分分地回家过日子，和女友的丈夫没有可比性。再说你要是能抛开这种攀比的心理，你每天的生活也应该是很开心的，有自己的事业，时间还充裕，虽然没有大富大贵，但也是多姿多彩的一生。不像你女友虽然经济上富裕，但她精神上是痛苦的，她也没有安全感，婚姻危机随时发生，你愿意像你闺密那样生活吗？"

求助者说："我看到闺密每天非常痛苦，总是向我哭诉，这样富贵的日子还不如我现在呢。虽然现在我没有多少钱，但每月也足够生活了。"

老师说："你现在过的日子就是平平淡淡的，你要学会体验到平淡中的幸福，没有大起大落，更没有婚姻危机，有自己的事业、有懂事的孩子，还有一个每天按时回家陪伴你的丈夫。平淡是福就是这个道理，接受平淡就是成熟的体现。"

求助者说："我以前总是抱怨我丈夫不上进，我丈夫说他工作也努力了，什么时候领导重用他那是领导的事，他自己把工作做到位了就行。"

老师说："你丈夫说的是对的，有些时候争取不一定能得到，在工作中顺其自然才是大道，你作为家庭中的女主人，把家庭照顾好，和丈夫常沟通、多交流，也好好地培养孩子，至于你的事业，你能做多大就做多大，不可强求，更不要和别人比较，自己过好自己的日子才是硬道理。"

两个多小时的咨询结束了，半个月后求助者反馈："我回去后认真思考了一下，觉得老师说得对，平平淡淡才是真，过好自己的日子，不跟别人比较，心里也平静了很多、不焦虑了，睡眠也好了。"

解题式心理咨询个案解析

一、通过求助者的叙述，得知以下几点已知条件：

1. 求助者已婚，育有一女儿，5岁。
2. 丈夫有稳定工作，爱玩游戏，不做家务。
3. 求助者有自己的事业。
4. 求助者争强好胜，有严重的比较心理。

二、根据已知条件，推理出以下几点未知条件，通过与求助者有目的的问话，将未知条件转换成已知条件，进而使求助者认识到自己的问题，改变以往的错误认知：

1. 了解求助者与她丈夫相处的过程。
2. 寻问求助者对丈夫哪些方面不满意。
3. 求助者的比较心理是怎么形成的？
4. 求助者喜欢和周围比她强的人比较，这些人的生活幸福吗？
5. 了解求助者的幸福观是什么，通过与求助者对于幸福观的研讨，进而使求助者认识到平平淡淡才是真正的幸福。

遇到极度强势的伴侣，怎样相处才不累

> 求助者：一对夫妻。男，55岁，企业高管；女，52岁，企业高管。

男方叙述： 不能和妻子说话，一说话就吵架，妻子总是挑我的毛病。

女方叙述： 男方不会干活、总爱说废话、空话，很讨厌。

夫妻双方都很烦恼，特来咨询。

咨询目标： 改善夫妻关系，双方都要学会妥协，因为家是讲爱的地方，不是讲理的地方。

老师问："你们夫妻都是做什么工作的，出什么问题了，能详细说说吗？"

男方回答："我是企业高管，我妻子也是。我们之间没有原则性的问题，只是这么多年一说话就吵架。"

女方插话说："我丈夫很啰唆，我就讨厌他这一点。"

老师问："你们之间是沟通上出现问题了，能举出具体的事例，详细说一下吗？"

男方回答："我妻子总是用责备的语气跟我说话，比如说前些日子我妻子让我把晚上吃剩下的馒头放到冰箱去,她是这样说的,'馒头放外面一宿不得坏了吗?为什么不放到冰箱里去?'她这样说话我就非常生气,我们也总是因为这样的小事吵架。"

老师对女方说:"你为什么要用责备的语气让丈夫做事情呢?"

女方回答:"我看见丈夫没有把吃剩下的馒头放到冰箱去,我就生气。馒头放到外面一宿不得坏了吗?"

老师说:"你想让丈夫把馒头放冰箱去为什么用责备的语气呢?你为什么不能这样说'老公,你把馒头放到冰箱去吧,馒头在外面放一宿会坏的。'这样说话,你丈夫能不把馒头放到冰箱去吗?这样说话你丈夫能生气吗?你们也不至于因为这点小事吵架了。"

男方回答:"她这样说话我马上就会把馒头放进冰箱,我听到她用责备的语气跟我说话我就生气。"

女方说:"来工作室的路上,我们俩因为孩子升学的事情吵起来了。我托人在家附近找到一个重点高中,想让孩子去那里上学,我丈夫说孩子学习成绩很好,在班级排前五名,凭她自己的考试成绩也能考上重点高中,说我不该托人找学校。我们俩因为这件事情在车上吵了一路。"

老师问男方:"你说凭孩子的学习成绩也能考上重点高中,万一考试失误,没考上重点高中怎么办?"

男方说:"我孩子考试失误的可能性很小,即使她考不上重点高中,凭她的成绩能考到哪所高中就去哪所高中读书就好。"

女方插话说:"你这是对孩子不负责任,重点高中教学质量好、生源好、学习氛围好,在这样的高中孩子更容易考上重点大学。普通高中的师资和教学水平跟重点高中没法比,学习氛围也不如重点高中好,我这样做是为了稳妥起见。"

男方说:"凭孩子的学习成绩去相应的高中学习,孩子的自信心不容易被打击。假如咱们托人去重点高中,那些孩子学习成绩都特别好,孩子在班级排名有可能在中下游,这样孩子学习的积极性就会受到打击,学习热情反而会下降。"

老师说:"你们说的都没错,只是考虑问题的角度不一样。女方说上重点学校离家近,师资水平高、学习氛围好,这是对的。男方说的也有一定的道理,凭孩子自己的能力考上重点高中,不用花钱,如果去普通高中,能保护孩子学习信心也是对的。我现在给你们讲一讲我女儿考高中升学的事情:当初我女儿中考只差5分就能进入到咱们省最好的重点高中。那时我在国外,我女儿打电话跟我商量说只差5分就能去她理想的高中,如果交5万元择校费也能去上,当时我就问我女儿,凭你这个成绩还能去上哪所重点高中,我女儿告诉我能去上第二志愿,也是重点高中,但跟第一志愿比会差一些。当时我就在电话里告诉女儿'这不是交多少钱的问题,以你的成绩,最好去第二志愿上高中,因为去第二志愿,以你的成绩会分到重点班级,你的排名也在前几名,这样你的学习劲头就会很大,如果你要花钱去了第一志愿上高中,以你的中考成绩也去不了重点班,只能在普通班级,排名也不会靠前,对你的学习积极性有一定的打击,你考虑好再告诉我。'过了几天,女儿又打电话告诉我,她决定去第二志愿的高中。我女儿上高中后,她的学习成绩在重点班级一直保持前2名,全学年成绩排在前10名,每天她都非常高兴,学校的各科老师也都非常重视她，她高考成绩654分。当时跟她关系好的初中同学中考时跟她成绩相同，交了5万元去了我女儿报的第一志愿的那所重点高中，没想到她的好朋友上高中后没有了学习热情，高考成绩是550分。后来我也见到了那位同学的家长，家长现在后悔花钱去了那所重点高中，孩子学习热情被打击了，分到普通班后没有了学习的自信心，也没能考上理想大学。"

男方说："老师，我就同意你这种做法。孩子的自信心和学习热情是最主要的，孩子考上哪个高中就去哪所高中。"

老师看着男方说："假如我是你，就不会跟妻子吵架，我会以平淡的口气和妻子商量'花点钱给孩子安排离家近的重点中学也是好事，钱不重要，孩子能节省上下学路上的时间。但以孩子自己的能力也能考上这所学校，等中考成绩出来之后再商量也不迟。'用这样的方式沟通，你们也不至于吵架。"

女方说："他要这样跟我说话，我们也不至于吵起来。"

老师说："你们夫妻在各自单位都是高管，性格都很强势，不可以把在单位的状态带回到家里，也就是你们需要角色转换。在单位你们是领导，在家里你们是丈夫和妻子，在单位你们跟下属员工之间的关系是上下级关系，是安排执行和工作的关系，在家里你们是夫妻关系，夫妻关系是平等的，相互关心、相互照顾，不能像指挥下属那样高高在上，没有做好事情就呵斥对方。你们没有转换好角色，吵架就是必然的。"

老师问男方："你父母是做什么的，我想知道你的成长环境对你的影响。"

男方说:"我父亲是高级知识分子,我母亲完全听从父亲的安排,我母亲照顾父亲、照顾我们、照顾家。"

女方插话说:"他父亲在家说一不二,他母亲完全服从,是一个守旧的家庭妇女。"

男方说:"我母亲一辈子特别辛苦,也特别贤惠,无怨无悔地照顾我们,什么家务都不用我们伸手。"

女方插话说:"我丈夫在家什么活儿也不干,我要出差几天他就给女儿点外卖,多不健康。"

老师对男方说:"点外卖给孩子吃对健康不好,能不能自己学着做一点?"

男方说:"我就没学过做饭。"

老师说:"你妻子工作太忙,你也要学会做饭做菜,家常菜不难学,主要是你的思想觉得男人不应该做饭、菜,就像你父亲一样,一辈子都由你的母亲照顾。你不能跟你父亲比,你妻子也不能跟你妈妈比。你的父亲是有名望的知识分子,你能跟父亲比吗?你妻子是企业高管,职业女性,跟你母亲之间也没有可比性。你父亲在家里可以什么都不做,你母亲的工作就是收拾房间、做饭、照顾你们,你妻子有自己的事业,不能全身心的在家照顾你和孩子,所以说你也应该承担一些家务。"

老师又问男方:"你对妻子哪些方面不满意?"

男方想了想说:"我就觉得妻子对我和孩子照顾得不是那么周到。"

老师说:"你能具体说说怎么照顾不周到了?"

第3章 夫妻关系问题篇

男方说:"她工作很忙,不能及时回家给我们做饭吃,房间收拾得也不干净。"

老师说:"既然你妻子工作忙,你就不能在家把饭菜做好,等你妻子回来吗?起码别让孩子饿着啊!"

男方回答:"我是得学一些家务,给孩子做饭吃。"

老师说:"你们一家三口由你、妻子和孩子组成,孩子没有成年,你们照顾她是应该的,你们两个大人工作都很忙,做家务不是一个人的事,谁有时间谁多做一些,为什么家务都得由你妻子做呢?这就是你思想观念的问题。你小时候看母亲一天做三顿饭、收拾房间、洗衣服,全方位地照顾你们,所以你的内心就觉得妻子应该做家务,收拾房间、洗衣服、做饭,你做一顿饭都觉得是帮妻子的忙。"

女方说:"老师说的对,家务是家人共同分担的,你有时间你多做一些,我有时间我多做一些,不要认为家里的活都是我的事。我有我的工作,也有我的事业,我要是家庭妇女,家里所有的家务就是我的工作,我也会做得很好的。"

老师说:"你妻子说得对,你需要改变家庭观念,不要像你父亲一样,饭来张口衣来伸手的,什么家务也不做,也不学着做。"

老师接着说:"你们夫妻之间这么多年一直吵架,很容易把感情吵没了,你们觉得你们夫妻之间的感情还深吗?"

男方回答:"已经过这么多年了,还是有一定感情基础的。"

老师说:"你们夫妻都这么大年龄了,不要再这样吵下去了。50多岁了如果每天吵架、生气,对身体健康特别不好。既然不想离婚,你们各自都需要改变。"

女方说:"是的,我现在都感觉自己心脏出毛病了,乳腺增生,以后是需要改变一下。"

男方说:"我心跳现在就不正常,可能都已经有冠心病了,以后是不应该吵架,我也需要改变一些,给孩子一个温馨的家。"

老师说:"今天的咨询是要解决你们夫妻两方面的问题,一方面是你们夫妻沟通中出现的问题,总喜欢用责备的语气跟对方说话,究其原因是你们身份角色转换没有转换好,把在单位的状态带回到家里;另一方面是男方的思想观念出问题了,总认为妻子就应该像母亲一样承担全部家务、照顾好丈夫和孩子,男方要认识到家务是家人共同分担的,谁有时间谁就多做一些,不要抱怨对方对自己、对家照顾得不周到。"

解题式心理咨询个案解析

一、通过求助者的叙述,已知条件有如下几点:

1. 夫妻双方都是企业高管,有文化、有能力,都很强势。
2. 夫妻都有和好的愿望,没有离婚的想法。
3. 夫妻之间有沟通障碍,同样一件事、一句话,夫妻沟通会引起吵架,究其原因是夫妻的工作、家庭身份没有转换好,沟通时不假思索。

二、根据已知条件,推理出如下未知条件,通过与求助者有目的的提问，将未知条件转换成已知条件，进而解答求助者的困惑：

1. 男方对妻子哪些方面不满意，是什么原因造成的？

2. 男方的成长环境对他的思维观念有什么影响？

3. 女方喜欢用责备的语气说话，起因又是什么？

4. 夫妻双方各执己见，互不退让，怎么能让夫妻双方改变自己，又怎么让他们家庭和睦？

5. 夫妻双方内在对对方固有的要求有哪些？哪些要求是正确的，哪些要求是错误的？搞清楚夫妻之间相处的正常模式是什么。

案例

愚孝男的婚姻

求助者：女，40岁，本科。

自诉： 我和老公结婚五年了。我是初婚，老公是离过婚的。他今年45岁，有稳定工作，带一个女儿。我自由职业，一直在家洗衣做饭，照顾孩子和老公。老公的父母年岁大了，身体不好，需要儿子照顾、养老。他们把自己的房子卖了，搬来和我们一起住。老公工作很忙，也不愿意做家务，更不愿意照顾父母，把照顾他父母的事都交给我。我每天照顾他的孩子、他自己，还要照顾他的父母，心里特别不情愿，想与老公商量要把他父母送养老院去，老公坚决不同意，还说我不伺候他父母就离婚。我感到特别纠结，因此来咨询。

咨询目标： 让求助者认识到丈夫的行为是典型的愚孝导致的家庭不和睦。

老师问："你是初婚，你老公是二婚，并且还带一个女儿，你们当初是怎么恋爱、结婚的，能详细说说吗？"

求助者回答："我当初看到老公为人朴实，还孝顺，也有事业心，对我也挺好，再说我年龄大了，就同意和他结婚了。"

老师问："你结婚时他的女儿多大了？"

求助者回答:"当时她女儿不到 3 岁,现在都 13 岁了,是我把她从小照顾大的,孩子跟我相处也非常好。"

老师说:"你结婚后没要孩子吗?"

求助者回答:"和老公恋爱时他就告诉我不想再要孩子了,让我把他的女儿当成自己的亲生女儿抚养。当时我看到他女儿也很可怜,我丈夫工作忙,没有时间照顾孩子,一直由爷爷奶奶照顾,爷爷奶奶身体还不好,结婚后就把孩子接到身边,一直由我照顾她。"

老师问:"你是做什么工作的?怎么能有那么充裕的时间?你丈夫又是做什么工作的,他工作为什么那么忙?"

求助者回答:"我是做电商的,时间自由。我老公单位要求严格,经常加班加点地工作,挣的还不多,家里洗衣、做饭、收拾房间、照顾孩子都是由我一个人负责,还得兼顾工作,我每天也很辛苦。"

老师问:"你丈夫工作那么忙,也没有时间照顾家里,所有的家务都由你一个人承担,还得照顾孩子,你就没有怨言吗?"

求助者说:"我丈夫工作也很辛苦,平时一点时间都没有,我时间自由,多做一些也没有什么怨言。"

老师问:"孩子的爷爷奶奶为什么把自己房子卖了,要和你们一起住呢?"

求助者回答:"孩子爷爷奶奶以前身体就不好。孩子爷爷患有严重的痛风,行动不便;孩子奶奶心脏不好,都需要人照顾。"

老师问:"孩子爷爷奶奶只有这一个儿子吗?"

求助者说:"我丈夫还有一个姐姐,她自己身体不好,经常住院,没法照顾老人。而且我公婆也想跟儿子住在一起。"

老师问:"孩子的爷爷奶奶想和你们住在一起,事先和你打过招呼吗?"

求助者说:"我们在孩子爷爷奶奶家也开了一个家庭会议,我们家和丈夫的姐姐一家都参加了。会议上,我公公说出了自己的想法。我丈夫的姐姐当时就表示自己身体不好,还需要她老公照顾,不能去她家,她也拿不出抚养费来。我老公当时没经我的同意就表态让父母到我们家住,由我们照顾父母,也不需要姐姐出抚养费。我当时特别生气,提出能不能把父母送到养老院去,费用由我们出。我丈夫骂我不讲孝道,说我不该提出这样的建议。我说我每天都要工作,接送孩子上、下学,再照顾老人,我怕忙不过来。你工作又忙,没有时间,伺候父母的事都成了我一个人的活,我真害怕自己照顾不周,反而落埋怨。我丈夫大声说:'你要不把我父母照顾好,我娶你有什么用处?你要不同意咱们就离婚,我再找一个孝顺我父母的媳妇。'我当时大哭。十多年来,我没要自己的孩子,把他的女儿伺候大了,最后还落得个不伺候他父母就离婚的下场。"

老师说:"你的公公婆婆完全可以去一家环境好的养老院,那里有专职人员为老人服务。老人在你们身边,你忙工作、忙家务、还要照顾孩子,哪有时间再照顾公婆呢?"

求助者说:"即使有时间照顾公婆,我也不愿意这么做。他父母的生活习惯跟我家完全不一样。我公公经常在吃饭时去卫生间干呕。听到他呕吐声,我饭都吃不下去了。他又不爱洗澡,浑身味道非常大,我丈夫工作忙又没有时间帮助他父亲洗澡,我婆婆有严重的冠心病,走路都喘,也得贴身照顾。我一想到跟我公公婆婆生活在一起就受不了,哪怕由我出钱,送他们到养老院都行,总之不要我来照顾他们,更不要公婆来我家一起生活。"

老师说:"你的父母身体怎么样?"

求助者说:"我父母还年轻,身体都很好,并且我父母非常讲卫生、爱干净,不像公婆让我难以忍受。"

老师说:"开完家庭会议后,你没和丈夫推心置腹地谈一谈吗?"

求助者说:"我丈夫这个人特别固执,特别愚孝,就认为我应该替他尽孝,不照顾好他的父母,我就是一个恶媳妇,就得离婚。"

老师说:"你把他的女儿照顾得那么好,他就不知道感谢你吗?"

求助者说:"我丈夫认为我既然嫁给她,就应该照顾好她的女儿,更应该照顾好他的父母,不然娶我做什么?"

老师说:"你丈夫娶你是因为爱你,不能把你当成保姆。"

求助者说:"我在他们家还不如保姆呢!保姆都能拿工资,我一分钱也拿不到。现在还要让我照顾他生病的父母,我真坚持不下去了。"

老师说:"你真要不照顾他的父母,你丈夫就要和你离婚,你是怎么想的?"

求助者说:"我不照顾好他的父母,我丈夫一定会和我离婚的,毕竟生活十多年了,我对这个家、对他女儿还有一定的感情。我付出了这么多,最后落得离婚的下场,真是有些不甘心。"

老师说:"你不甘心又能怎么样呢?"

求助者说:"不甘心也没有办法,只有接受丈夫的要求,照顾家、照顾孩子、照顾公婆。一想到这种日子还得再过几十年,我真要崩溃了。"

老师说:"你想到照顾家、照顾孩子、照顾公婆的日子就感到崩溃,你想过像这样生活十年,你会变成什么样吗?"

求助者说:"我会心力交瘁,在事业上一事无成,照顾老人方面也不能让丈夫完全满意。想到这些,我也后悔跟丈夫结婚了。我没有自己的孩子,付出这么多,没有了自己的生活,真是悲惨。"

老师说:"你没让丈夫找心理老师,把事情分析清楚吗?最好是不要离婚,毕竟生活十多年了。完全可以把他父母送到好的养老院去,由专人照顾他们生活,为什么非得和你们在一起生活,让你心力交瘁,你丈夫就不知道理解你吗?"

求助者说:"我和丈夫说了很多次让他也找一位心理老师调节这件事,但是我丈夫认为这样做没有用,不伺候老人的媳妇就是不孝顺。不孝顺父母,就是连牲畜都不如。他把我骂得连牲畜都不如了。"

老师说:"孝顺本没有错,但是也要具体问题具体分析。你老公非要把父母接到家里尽孝,为什么不聘请专职保姆照顾他父母的生活起居呢?"

求助者说:"我老公虽然工作忙,但是挣得不多,每月也就5000元,我每月也挣5000元左右,孩子补课费、兴趣班费,我们的工资都所剩无几,根本请不起保姆。"

老师问:"那你把公婆送养老院的钱从哪里出呢?"

求助者说:"我公婆把自己房子卖了50多万元,可以在养老院住上十年、二十年了,我们经济情况好转之后也可以帮助他们,但我丈夫就是不同意,我公婆也不同意。"

老师说:"这么说来这个问题很难解决,你回去再和丈夫谈一谈吧,看看有没有更好的解决办法。"

两个多小时的咨询结束了,老师让求助者回去后好好考虑一下怎么安排今后的生活。20天后求助者来电话说:"与老公办了离婚手续,自己解脱了,自由了,身心获得极大的放松,也开始计划今后自己想要的生活。"

解题式心理咨询个案解析

一、根据求助者叙述,得知的已知条件有以下几点:

1. 求助者初婚嫁给带女儿的二婚丈夫。
2. 与丈夫生活十多年没有矛盾。
3. 公婆身体不好,卖了自己的房子要和儿子居住,求助者不同意。
4. 求助者丈夫态度非常坚决,必须让自己的父母来家里居住,并且让求助者代自己尽孝。
5. 求助者若不照顾生病的公婆,丈夫就会坚决和求助者离婚。

二、根据已知条件,推理出以下几点未知条件,通过与求助者有目的的问话,将未知条件转换成已知条件,进而解决求助者的困惑,达到咨询目标。

1. 求助者是初婚，丈夫是二婚，还带一个女儿，为什么求助者能嫁给和自己条件不匹配的丈夫？

2. 从求助者叙述中看出她跟丈夫之间没有大的矛盾，只有求助者的公婆要与儿子一起居住产生的矛盾，怎么化解才是问题的关键。

3. 帮助求助者分析与公婆一起居住十年后的状况，进而使求助者选择适合她的生活。

案例

异地分居，你的安全感指数是多少

> 求助者：一对夫妻。男方36岁，初中毕业，在外地做销售工作；女方36岁，在家照顾上初三的儿子。

女方自诉： 丈夫在外地工作，我们两地分居。丈夫今年回家总是挑我的毛病，说我没照顾好孩子，也没管好孩子的学习。今年丈夫回来没给家里钱，自己很郁闷。丈夫在几年前得过性病，总感觉他外面有人了，怀疑丈夫把挣到的钱给了别的女人。不想让丈夫在外地工作，希望他回来创业，丈夫不同意。

男方自诉： 现在竞争激烈，业务难做；自己在外面根本没有别的女人；花了十几年建立的销售渠道，怎么能不做呢？实在不行就离婚。

咨询目标： 夫妻和好，营造和谐的家庭气氛。

老师问："你们夫妻结婚几年了，孩子多大了？"
女方回答："我们结婚十多年了，孩子也15岁，已经上初三了。"
老师问："你们夫妻都是本市的吗？"
女方回答："我们都不是本市人，十多年前就来到这里生活。"
老师问："你们夫妻是做什么工作的？"

女方回答:"我丈夫一直在外地做销售工作;我在家照顾孩子,没工作。"

老师问:"你们在本市有自己的住房吗,有车吗?"

女方回答:"我们有自己的住房,也有车,都是我丈夫挣钱买的。"

老师问:"你们夫妻来我这里想寻求什么帮助,能详细说说吗?"

女方回答:"我丈夫说今年生意不好做,没拿回来钱,过节回家又总挑我的毛病,我就怀疑他有外遇了,把挣到的钱给了别的女人。"

老师说:"做生意有挣有赔,你丈夫没有拿钱回家,可能是生意不好,也是情有可原的,你说你丈夫回家就挑你的毛病,他都挑你哪些毛病?"

女方说:"他回到家就说我卫生打扫得不好,做的饭也不好吃,没有把孩子照顾好。可是我们的孩子都初三了,学习很紧张,瘦一点也很正常啊!"

老师说:"你家里卫生不好到什么程度?"

男方说:"我这个人爱干净,我回到家里发现地都没擦,地上很多头发,我就很生气。她总是不及时洗衣服,还把脏衣服扔得到处都是。我一回家就得亲自擦地、洗衣服。"

女方插话说:"他总是边收拾房间边唠叨我不干活、不收拾卫生,说我不知道整天在家干什么。"

老师问:"你家以前的卫生状况不是这样吗?"

女方回答:"我家里以前就这样。我也经常收拾屋子、洗衣服。就是他这次回来看我不顺眼、挑我毛病。我们吵架,他还提出离婚。"

老师问："你说你妻子没把儿子照顾好，体现在哪里？"

男方说："我看我儿子都瘦了，她做的饭我儿子也不愿意吃，她就是没有精心照顾孩子。"

女方说："我儿子也不瘦啊，1.73米，68千克，这不是标准体重吗？怎么能说瘦呢？非得养成个小胖子就身体好了吗？他就是在找我的茬。"

老师说："你儿子体重很标准的，再说初三学生，学习那么辛苦，不胖也是正常的，给孩子合理饮食、荤素搭配就可以了，也不能因为这么点小事就总提离婚啊！"

女方说："我丈夫就爱把离婚挂在嘴边。我怀疑他外面有女人了。"

老师问女方："你有证据说明他在外面有女人了吗？"

女方回答："我丈夫前几年得过一次性病，他不是外面有女人，怎么会得病？"

老师说："后来不是治好了吗？这都是过去的事了，不要追究了，好好过日子，照顾孩子才是正事。既然你不放心你丈夫，那你说怎么办？"

女方说："我就想让丈夫回来和我跟孩子一起生活，不要去外地做销售了。"

男方说："我没有一技之长，又是初中毕业，我能找到什么工作呢？"

女方说："哪怕回来卖菜也行啊，起码我们在一起生活。"

男方说："我在外面做销售十多年，有自己的销售渠道，回来去卖菜也挣不到多少钱啊。家里的房子、车不都是我买的吗,孩子读书也需要花钱,只靠卖菜能养得起你跟孩子吗?"

女方说:"没有钱也可以节约着花,起码我们能在一起生活啊。"

男方说:"省着花都不够,你知道孩子补课需要多少钱吗?孩子马上上高中了,补课费更贵,你不会不知道吧?"

老师说:"你妻子其实就是担心你外面有别的女人,怕你不要她和孩子,她没有安全感。至于你是不是在外地或在本地工作,这都不重要。尤其是你回家时,挑她毛病,更让她担心。"

男方回答:"我没有别的女人。我心里就装着咱们的家,装着你和孩子。"

老师说:"我觉得你丈夫说得对,在外面做销售十多年,能挣到钱,真要回家改行卖菜,挣不到钱,你丈夫会更难受的。你丈夫之所以今年回家唠叨你,不是因为外面有女人,是因为今年没挣到钱,心情不好。他挑剔你不是对你有意见,是他发泄心中压抑的情绪。你也需要理解他,一年在外没挣到钱,过节回家怎么面对你跟孩子,他也很纠结的,你应该学着理解他、安慰他。"

男方说:"我今年一定努力好好干,一定要挣到钱,让我儿子和妻子高兴。"

女方说:"我没有想到这一层。他一回家就挑剔我,又没挣到钱,这让我觉得他是不是把钱给别的女人了,看不上我了,要抛弃我们这个家了。"

老师说:"你们十多年的夫妻了,孩子都这么大了,你丈夫又不是有钱人,也没有几个女人愿意找你丈夫。再说你的条件也不错啊，你要模样有模样，又能说会道，还一个人把孩子照顾到这么大，你也是很有能力的。也许你也可以试着找份工作。"

女方说："孩子上学后我也很无聊的，也在想能不能出去工作，帮丈夫分担一些经济负担。"

老师说："我觉得你的孩子这么大了，也不需要接送他，你可以找一份销售工作，时间自由，还能赚一些钱，你的心情也能好起来，省得每天总在想自己丈夫做什么呢。"

男方说："她经常白天给我打电话，问我忙什么呢，我能忙什么？跑市场呗！"

老师对女方说："孩子小你没有办法，孩子已经长大了，你可以脱开身了，应该出去工作，等你挣到钱，经济独立了，你就会有安全感，也不会担心丈夫不要自己、看上别人了。"

男方说："我没有别的女人，也不会看不上我妻子，我妻子的销售能力比我强。"

老师对男方说："以后你在外面工作，要经常回家看看，一两个月回来一次，哪怕只待两三天，这样你妻子也能放心。"

老师又对女方说："以后不可以这样'监督'丈夫，更不可以频繁打电话影响他工作，这不叫爱，这是控制。这种控制是你心里没有安全感、不自信导致的。一个女人要想有安全感和自信心，就要出去工作、经济独立，让你丈夫看到你经济独立后，他也会很开心、会更爱你。"

女方说："老师，我听明白了，我们吵架主要是由于我没有安全感、不自信导致的。其实我丈夫很爱我的，一个人在外面工作也不容易，我也要出去找一份兼职工作，因为孩子越来越大了，需要钱的地方很多。"

老师说："今天的咨询就到这里吧，你们夫妻回去好好谈一谈，好好规划一下今后的生活。"

三个小时的咨询结束了，两个月后女方反馈说：我现在已经上班了，做销售工作，时间非常自由，我也很开心。我丈夫回去工作了。从您这回去后当晚我们长谈了一次，我也理解丈夫挣不到钱的内疚感，我也更能体谅他了。我丈夫也说以后有时间就回家，今年努力挣钱。

解题式心理咨询个案解析

一、根据求助者的叙述，得知以下几个已知条件：

1. 这对夫妻都是 36 岁，结婚多年，有一个儿子上初三。
2. 男方在外地做销售，今年没有挣到钱，回家还挑剔妻子，引起女方怀疑男方有外遇，更怀疑丈夫把挣到的钱给了外面的女人。
3. 男方几年前曾经得过性病，使女方更坚信男方外面有女人。
4. 在叙述中知道女方不想离婚，男方把离婚挂在嘴边。

二、通过已知条件，推理出如下几个未知条件，通过与求助者有目的的问话，将未知条件转换成已知条件，进而解决求助者的困惑，达到咨询目标。

1. 男方几年前得过性病，就证明男方有过婚外情，但由于女方不想离婚，这个问题怎么能一带而过？

2. 求助者夫妻的感情基础怎么样？

3. 需要了解男方的真实想法，是不是外面有了女人，看不上自己的妻子了？

4. 导致女方没有安全感的原因是什么？又怎么能让女方有安全感？这是问题的关键。

5. 怎么能让女方理解丈夫没有挣到钱回家的愧疚感？

6. 设想男方无一技之长，又没有学历，回来和女方一起生活将会是什么状态，进而摆明丈夫在外挣钱的重要性。

半熟家庭

案例 7

有口难言的家庭财务问题

> 求助者：女，50岁，全职太太，在家照顾老公和孩子。

求助者自述： 老公是做工程的，是从农村出来的。老公有一个弟弟在家照顾公公婆婆。有一天，公公通知我们回老家开家庭会议。我和老公开车回到了农村。开会的人有我公公、婆婆、我们夫妻，还有小叔一家。家庭会议由公公主持，研究小叔缺钱买运输车的事。公公首先说了小叔要从事运输行业，他认为这份工作很有前途，也很挣钱，要大家都支持小叔。运输车要35万元，公公支持10万元，小叔自己有5万元，还缺20万元，公公当场拍板让老公拿20万元给小叔，老公满口答应，也没问我的意见。家里的钱都是我掌管，感觉公公不尊重我的意见，小叔也没有事先和我打招呼，我心情非常不好。不拿这笔钱，我老公会很生气，我们的夫妻感情会受影响，拿了钱我心里又憋屈，这几天吃不下也睡不好，特来咨询。

咨询目标： 帮助求助者理清家庭关系，建立边界感。

老师问："你做全职太太多少年了？你们的孩子多大了？"

求助者回答："我结婚后很快就有了孩子，一直都没有上班，在家照顾孩子和丈夫。我孩子已经24岁了,今年都结婚了。"

老师问:"你丈夫是给别人打工还是自己包工程?"

求助者说:"我丈夫主要是包工程,比如说小区绿化工程、路面、室外管道铺设等。"

老师问:"你丈夫一年大约能挣多少钱?"

求助者说:"多时一年可以净赚50至60万元,少时也能赚到10至20万元,总之够我们全家的日常开销。"

老师问:"你丈夫的弟弟要买运输车,需要你丈夫资助20万元,你是怎么想的?"

求助者说:"我公公没有事先跟我打招呼,没有经过我的同意就直接拍板。小叔一家跟我的关系明明很好,为什么不能直接跟我说呢?我一定会支持他闯事业。可他们都不和我打一声招呼,我感觉没有受到尊重,在家里没有地位。"

老师说:"你说得很对,是你公公和你小叔他们欠考虑,连招呼都不打就拍板。其实这20万元对你家来说不算什么大事。这不是钱的事,而是他们给你的尊重不够,难怪会让你感觉在家里没地位。"

求助者说:"就是这样的,所以我才感觉委屈。"

老师说:"假如你不拿出20万元给小叔,你公公就会对你有意见,你小叔一家对你也会有意见。你丈夫当时在家庭会议上答应了给弟弟钱,回家之后你再反悔,你丈夫会觉得没面子,在家里没地位,连拿20万元这种小事都要食言。"

求助者说:"老师你说得对。我丈夫这几天感觉也特别憋屈,总说自己在家里没地位,这些年挣的钱白挣了,又不是拿不出来钱。"

老师说:"首先,咱们不要计较你公公和小叔他们一家的事。你跟你丈夫才是一家人,你拿出20万元是看在你丈夫的面子上。这点钱对你的家庭来说不会产生什么影响,你看在丈夫的面子上就应该拿出来,支持你丈夫,不然显得你丈夫在家里多没地位。你不要计较公公和小叔的态度,他们的态度对你来说不重要,假如你和你丈夫离婚了,你和你公公、小叔就一点关系也没有了。所以说公公和小叔跟你的关系全都是建立在你的婚姻之上的。你不要在意公公和小叔是否尊重你,只要你们夫妻相爱,你就应该支持丈夫做的决定。换位思考一下,假如你是你丈夫,你的亲弟弟在农村照顾自己的父母,你会不会觉得弟弟替你分担了抚养义务?弟弟替自己尽了孝道,他有困难,哥哥支持一下有何不可?如果你家没有这20万元,还得让你们出去借,那真就难为你们了。没有能力去支持小叔,不拿钱也是情有可原的。"

求助者说:"老师你这样说我就能理解了,全当给我丈夫面子了,我们毕竟是夫妻,我不支持他谁支持他?拿出20万元对我家来说很轻松,支持小叔做事业也是应该的,小叔一家在农村能照顾我公婆,要不然农村的大事小事都会找我丈夫的,小叔一家也算是替我丈夫尽了孝。"

一个多小时的咨询结束了,求助者轻松地离开了。

解题式心理咨询个案解析

一、根据求助者叙述，得知以下几个已知条件：

1. 求助者50岁，全职太太，孩子已经工作了，也结婚了。
2. 求助者丈夫是做工程的。
3. 求助者公公开家庭会议，让求助者丈夫支持弟弟20万元做事业。
4. 公公做决定没有征求求助者同意，求助者感觉在家中没地位，心情不好。

二、根据已知条件，推理出如下几个未知条件，通过与求助者有目的的问话，将这些未知条件转换成已知条件，进而解决求助者的困惑，达到咨询目标。

1. 求助者的家庭经济情况怎么样？
2. 求助者丈夫每年的收入大约是多少？
3. 让求助者了解公公家、小叔家和自己家三个家庭之间的边界问题，进而让求助者认识到与公公和小叔较劲是没有必要的。

案例

解不开的婆媳难题

求助者：女，33岁，本科，公司职员。

自述： 公公婆婆和我们在一起住五年了，帮我们照顾孩子，孩子快4岁了。由于我和公婆之间的矛盾造成了我们夫妻的感情危机，特来咨询。

咨询目标： 帮助求助者建立与公婆之间的边界感，使家庭和睦。

老师问："你丈夫是做什么工作的？你是做什么工作的？你们夫妻感情怎么样？能详细说说吗？"

求助者说："我在一家公司做文员，我丈夫在施工单位做技术员，儿子快4岁了。我们夫妻感情一直很好。自从我怀孕后公婆和我们住在一起，照顾我和孩子，我和公婆的矛盾不断，但没有大的争执。"

老师问："你公公婆婆家是哪里的？你家又是哪里的？"

求助者说："我是本市出生的，公公婆婆来我家之前在农村生活。"

老师问："你跟公婆的小矛盾是怎么产生的？"

求助者说："从怀孕到生孩子，婆婆一直伺候我，我不愿意吃她做的饭菜，尤其是婆婆做的月子餐。农村对坐月子的女人有很多规矩，我也不接受。再加上婆婆干家务活笨手笨脚，我看着也生气，坐月子时我就想大骂她一顿出出气，觉得她简直白活了这么大年纪。"

老师问："你母亲身体怎么样？你坐月子期间你母亲没照顾你吗？"

求助者说："我母亲身体还好，父亲早年去世了，一直由母亲照顾我。我坐月子期间公婆都在我家照顾我，我母亲觉得没必要再多一个人。"

老师问："你坐月子期间你的丈夫没在家照顾你吗？"

求助者说："我丈夫工作非常忙，每天工作到很晚，看他父母在照顾我也就放心了，他就安心去工作了。"

老师问："你对婆婆心存不满，跟婆婆沟通了吗？还是和你丈夫说了？"

求助者说："我和我丈夫也说过，我丈夫说农村就是这样照顾产妇的。我跟婆婆也没法沟通，我的想法婆婆根本就不接受，她就按照自己的想法照顾我跟孩子，孩子一哭就喂奶，把孩子喂得上吐下泻好几回。我一说婆婆，婆婆就生气，觉得孩子哭就是饿了。我跟婆婆生气，奶水都没了。婆婆就说我吃得少，天天让我喝母鸡汤或者猪脚汤下奶，还不放盐，没滋没味的，怎么能喝进去？我喝不进去，婆婆就向我丈夫告状，说我太矫情了。婆婆经常对我说，她年轻的时候坐月子只能喝小米粥，哪有这些汤水喝。现在的年轻人不知好歹，坐个月子算什么，哪个女人不生孩子？听到这些话，我更不舒服，对她更不满意了，整个月子期就是在生气中过来的。由于我没奶,早早地给孩子断了奶,给孩子喂进口奶粉。为此,我婆婆也生气,觉得奶粉太贵,还不如喂小米粥。"

老师问:"你和婆婆这样磕磕绊绊地过了这么多年,也不是件容易的事。孩子到了上幼儿园的年龄,去幼儿园了吗?"

求助者回答:"孩子2岁半后就去了幼儿园,由婆婆负责接送。"

老师问:"以前都是些小矛盾,这次发生冲突的原因是什么?"

求助者说:"前两天我下班回家,发现孩子闹肚子,就问孩子晚上吃了什么。孩子说不清,我也着急,声音就大了点,婆婆就说我:'我是孩子的奶奶,怎么会害孩子呢?听你的口气好像是我给孩子吃了坏东西他才闹肚子似的。'我说:'不吃什么坏东西,孩子能闹肚子吗?'婆婆开始大骂我难伺候,公公在旁边也附和着。我丈夫听见我们争吵,从卧室出来向着婆婆说话,说我矫情、做作。我看我丈夫也不站在我这边,这么多年累积的怒气一下子爆发了。我开始大骂婆婆,说她白活这么多年,带不好孩子、做不好饭、活也不会干,还不如死了。婆婆被我骂得坐在地上大哭,公公开始骂我不孝顺,我丈夫上来推了我一下,我就像疯了一样拿起菜刀就要砍他们,我丈夫死死地抱住我,我公公开始给我母亲打电话,让她过来管管我。"

老师问:"你妈妈去你家了吗?之后怎么样?"

求助者说:"我妈妈给我舅舅、大姨、二姨打电话,让她们一起到我家来。"

老师问:"你妈妈找了多少人到你家啊?"

求助者说:"当时我母亲、舅舅、大姨一家、二姨一家,来了

6个人。"

老师问:"他们到你家后,是怎么解决你的家庭矛盾的?"

求助者说:"我公公就开始训斥我母亲:'你怎么养的女儿,养成了这样,还大学生呢!像个泼妇似的,还要拿刀砍我们!'我舅舅说:'有什么事情不能沟通解决,非要打起来,你们家这么多人,不是欺负我外甥女吗?'我丈夫对我舅舅说:'你不问青红皂白,怎么张口就指责我们家欺负她,我们怎么欺负她了?'我舅舅说:'你们不欺负她,她能骂你们吗?能拿刀砍你们吗?'就这样,又开始无休止地相互指责,最后邻居报了警,警察把我们都带到派出所做了家庭调解,我们就各回各家了。虽然和公婆不吵架了,但是我心里还是憋着一股气,依然怨恨公婆,和我丈夫也开始冷战起来。"

老师说:"你坐月子期间对婆婆有意见,其实是不应该的。你婆婆用老一辈的习惯照顾产妇,她没有做错,做的月子餐也没有错,农村都是这样照顾产妇的,你吃不惯那是你的问题,不是你婆婆的问题。你婆婆认为产妇应该喝鸡汤、猪脚汤,不仅对产妇身体好,还容易下奶。你母亲和你生活习惯一样,她怎么不去照顾你?再说,喝母鸡汤对产妇身体好,这是他们的传统习俗,喝猪脚汤下奶,这也是他们的传统习俗,你不愿意喝是因为没有咸味,产妇怎么能喝太咸的汤呢?太咸的食物对产妇身体的确不好,所以在这一点上你不应该指责婆婆。"

求助者说:"我只是当时产后心情不好,喝不进去那些油腻的汤,无滋无味,婆婆硬让我喝,我才对婆婆有意见。"

老师说:"产妇身体虚弱,喝母鸡汤的确大补。孩子喝母乳长

半熟家庭

大身体好,喝猪脚汤能使产妇下奶,也是对的。你第一次生孩子,情绪不好是可以理解的,但不可以把怨恨转嫁到婆婆身上,婆婆照顾你,你感谢还来不及,怎么能对她有意见呢?"

求助者说:"公婆从农村搬到我家来,生活条件是农村没法比的,他们也应该感谢我们。"

老师说:"你公婆从农村搬到城市,生活物质条件的确提高了很多,但你家的房子是你买的吗?"

求助者说:"我家房子是我丈夫挣钱买的。我挣的钱太少,买不起房子。"

老师说:"你公婆来你家居住,是看在儿子的面子才来城市享福的,因为房子是他们儿子买的,所以你公婆住着心里有底气,不是看在你的面子上来的,因为房子不是你买的。所以说,公婆照顾你,你觉得是应该的,这样想是不对的。你生的孩子是你自己的儿子,你自己照顾儿子是应该的,你公婆可以不照顾你和你的儿子。你看社会上有多少公婆不去照顾月子,不照顾孙子或孙女的,因为他们没有义务照顾,你的孩子你有义务和责任去照顾,所以你婆婆能照顾你和孩子,不管你满意还是不满意,你都应该心存感激才对,至于表达你的感激之情,就是给公婆买礼品或者给他们钱,你给公婆买过礼品或者给他们钱吗?"

求助者说:"我没给公婆买过礼品,也没给过他们零花钱。"

老师说:"假如你请月嫂,你知道每个月需要多少工资吗?"

求助者说:"大约五六千元吧?"

老师说:"你要请一个使你满意的月嫂,每月要8000元~1万元。

你婆婆每个月无私地照顾你和孩子，你还不满意，你觉得应该吗？"

求助者说："这样算来，我觉得还真应该感谢公婆。"

老师说："你在月子期间，看见公婆这样照顾你，你若是心存感激，就不会对他们产生怨恨，更不会发生现在的冲突。"

求助者说："的确如此，我一直对婆婆有意见，觉得她干活笨手笨脚，她做的菜我也不愿意吃。"

老师说："即便你公婆笨手笨脚，他们也没有从你这里拿过工钱。你起码每天下班回家就能吃上热乎乎的饭菜，也不用做家务，怎么还诸多挑剔呢？"

求助者说："我总觉得把他们接到身边住就是最大的恩惠，不然他们在农村多辛苦？老家的生活条件也不好啊！他们为我家做这些就是应该的。"

老师说："你丈夫把他父母接到城市来享福，是你丈夫和父母的关系。如果没有你丈夫，你公婆也不会到城市来跟你一起生活，每天像保姆似的照顾家、照顾你们和孩子，没有一分工资，也不能获得你的认可，你公婆还委屈呢！这哪是来享福啊！是到你家里来受气的！"

求助者说："那他们还是愿意来。"

老师说："其实我不建议你公婆住在你家，你丈夫真要孝顺他父母，就在附近买一套房子给父母住，公婆愿意照顾孙子可以把孩子送过去，你丈夫愿意孝顺父母可以给父母钱或者经常去看望父母，这就叫两家人的边界感。你之所以和公婆发生冲突，都是因为边界感不清，一家人不像一家人，两家人不像两家人，混在了一起，不产生矛盾才怪呢！"

求助者说："我觉得也是这样，如果给公婆在我家附近买一套小房子，我和公婆可能处得很好，我也不会天天看着婆婆笨手笨脚地干活而生气了。"

老师说："家与家之间都应该有边界感。你和丈夫还有孩子是一家人，你公婆是一家人，一家人不可能去指责另一家人，这样就不会产生矛盾。但是就像你现在这样，你们和公婆两家人混在一起居住，由于多年的生活习惯不一样，互相看不上对方，自然会产生矛盾。其实你和你丈夫之间没有太大的矛盾，感情也一直很好，就是由于公婆介入你家而产生问题，所以我建议你回去后一定跟丈夫协商，在你家附近给公婆买一套小房子，从根本上解决婆媳矛盾问题。"

老师又问："你跟婆婆吵架，你娘家去了那么多人是要做什么？是要去打群架吗？"

求助者说："我娘家来这么多人是怕我受欺负。"

老师说："你娘家去的人多也没问题，他们都是关心你，但是你娘家人不主持公道就不对了。小孩闹肚子是很正常的事儿，你为何那么大惊小怪，非要问孩子吃什么了，你婆婆能不敏感吗？而且你还那么大声地问孩子，无非是想让孩子说出奶奶给他吃了什么不干净的东西，进而指责婆婆。你就没想过孩子也是婆婆的亲孙子，她怎么能害孩子呢？你娘家人为什么不能说说你的问题呢？如果他们像我这样说，你丈夫和公婆会生气吗？"

求助者说："我对婆婆的意见不是孩子闹肚子这一件事，孩子闹肚子只是我情绪的爆发点。"

老师说："你对婆婆的意见主要是两家人的边界感不清。假如你公婆当初只是住在你家附近，伺候完你坐月子他们就回家去了，你们还能发生这么大的矛盾吗？"

求助者说："我坐月子只有一个月的时间，婆婆做的饭我再不爱吃也能忍受一个月，现在我每天都能看见婆婆在我眼前晃，我就生气，就无法忍受。"

老师说："你回去跟丈夫好好商量一下，看看能不能在你家附近买一套小房子给公婆住，这样你公婆也会高兴，省得还要看着你的脸色生活。"

求助者说："好的，我回去和我丈夫商量一下。"

老师说："咱们还得说你娘家人劝架的事情。假如我是你娘家人，当时在现场我会这样说：'孩子感冒、发烧、闹肚子是很正常的事儿，当妈妈的不必那么紧张，也不要那么大声地责问孩子晚上吃了什么。你这不是怀疑婆婆给孩子吃什么坏东西了吗？你婆婆是孩子的亲奶奶，她又怎么能给孩子吃坏东西呢？你这么想就是不对的，更不应该骂婆婆，你婆婆是你长辈，你怎么能骂人骂得这么狠？你婆婆这几年伺候你们，给你们做饭、收拾房间，你不心存感激反而还骂婆婆，谁教你这样做的？'要是像我这样说，你婆婆一家都不会生气，并且你娘家人这样骂你，你也不会生气。待大家情绪平静后，坐在一起好好谈一谈，也得让你清楚地认识到你婆婆为你家的付出，不管做得你满不满意，你都得感谢公婆，因为公婆是你的长辈，不是你家的保姆。哪怕是保姆，你不满意，也要跟保姆好好沟通，也不可以横加斥责。哪怕是没有血脉亲情的保姆，你也要给到足够的尊重，不然保姆也不会伺候你。你公婆照顾你跟孩子完全是出于亲情，你也应该出于亲情表示感谢。"

求助者说："老师，你说的没错。我不想因为这件事离婚，但是我丈夫对我有意见了，这些天不理我了，怎么办？"

老师说："你应该向你丈夫真诚地道歉，表示你不该骂婆婆，更不该怀疑婆婆给孩子吃了坏东西，还要说自己的娘家人也不懂事，只知道一味地偏向你，其实真正的问题在你自己。你对婆婆的意见主要是生活习惯不一样，你们相互看不上，所以产生了矛盾。道完歉之后，要跟丈夫协商在家附近给公婆买一个小房子，避免公婆看到自己别扭，他们想接送孩子也方便，你也会经常给他们买东西看望他们。不仅如此，你们也应该给他们生活费和零花钱，这都是晚辈应该做的。你这样说之后，你丈夫就会很高兴，这样你们夫妻就会和好了。在这之后，再由你丈夫领着你向公婆道歉，求得公婆的谅解。"

求助者说："我认识到了是自己的问题，回去后一定会这样做。"

两个多小时的咨询结束，求助者高兴地离开了。半个月后求助者打电话反馈说："我们夫妻和好了，我也向公婆道歉了，公婆原谅了我。我跟丈夫商量好了要在附近的小区给公婆买一套房子，公婆听到后非常高兴，谢谢老师，以后有事再找您。"

第3章 夫妻关系问题篇

解题式心理咨询个案解析

一、根据求助者的叙述,得知的已知条件有如下几个:

1. 求助者大学毕业,公司职员。
2. 求助者丈夫也是大学毕业,技术人员。
3. 求助者公婆在农村生活,五年前求助者丈夫把公婆接到家里居住。
4. 由于婆婆长期生活在农村,与求助者生活习惯的差异导致婆媳出现矛盾。

二、由已知条件,推理出如下几个未知条件,通过与求助者有目的的问话,将这些未知条件转换成已知条件,进而解决求助者的困惑,达到咨询目标。

1. 求助者和丈夫的感情基础怎么样?
2. 求助者和婆婆产生矛盾的关键点在哪里?
3. 公婆和求助者住在一起是典型的边界不清问题。
4. 求助者和婆婆产生矛盾后,求助者娘家人不主持公道,进而使矛盾加深的原因是什么?
5. 找到求助者一家和公婆住在一起产生矛盾的解决方式。
6. 使求助者认识到公婆是自己的长辈,对他们要有足够的尊重,不可以随意斥责和辱骂。

半熟家庭

名校硕士在家啃老，巨婴何时能长大

> 求助者：一对夫妻。男，32岁，研究生学历；女，32岁，研究生学历，双方无业。

男方叙述： 妻子每月都犯病一次到两次，无规律，犯病时狂砸家里的东西，摔门而出，一个人住在宾馆里，谁也不见，只能打电话好言相劝，3天后才能接回家，十多天以后又会发病。夫妻都很烦恼，特来咨询。

咨询目标：

1. 帮助女方建立生活目标。
2. 帮助女方解决原生家庭问题。
3. 帮助女方提高情商，学会与人相处。

老师问女方："你知道自己为什么每个月都要发病一至两次吗？"

女方回答："我也不清楚为什么。我总会突然暴怒，生气后就控制不住自己，看见什么就想摔什么，摔完东西，跑出家门，一个人在宾馆住几天心情才能平静。下次什么时候再发作，我也不知道。"

老师问男方："你妻子发作前有什么诱因吗？"

男方回答："没有什么诱因，一件极小的事都能使我妻子发作。"

老师问："比如说呢？"

男方回答："比如说前几天，她让我把凳子搬到她身边，我就把凳子推到了她面前。凳子与地面发出的摩擦声刺激到了她，她突然开始砸凳子、摔东西，把我吓得浑身发抖。我妻子砸完东西后又跑了出去。"

老师问："你们是做什么工作的？"

男方回答："我们在我的父母家住。平时我们夫妻不出门，不工作，也不与朋友接触。我妻子把我微信里的好友都删了，只留她一个人，她自己的微信里也只有我。"

老师跟女方说："你跟你的老公是怎么认识的？你在公公婆婆家住，跟他们的关系处得怎么样？"

女方回答："我们是大学同学。读大学时，是我老公追的我。我看他挺本分，又很体贴，对我很好，只是我们的家庭条件悬殊。我家在外地，父母是工人，家里是工薪阶层，而公公婆婆是成功的商人，住别墅。老公一直告诉我不要在意这些，只要我们俩生活幸福就行，于是我就同意和他相处。相处半年后，我去见他父母。他父亲对我还好，他母亲却对我冷嘲热讽，让我心里非常不舒服。双方父母见面那天，我父母从外地赶来与他父母商量我们的婚事。看得出来，他妈妈明显看不起我的父母，当天也未定下婚期。一场见面下来，什么都没确定，最后不欢而散。看到他家人对我和我父母的态度，我想和他分手，但是老公一味地劝慰我，说结婚之后在一起生活的是我们俩，只要我们俩幸福就行。我们的婚期迟迟定不下来，于是我们决定先登记，后办婚礼。老公把户口本、身份证拿出来与我登记结婚了。登记之后，我和老公一同去他家里见了他父母，他父母不让我们跟他们一起在别墅生活，给了我们一套150平方米的老房子。老房子装修陈旧，也不给我们钱重新装修，我们就在那里生活了一年。这期间我出去找了工作，与同事相处不好，于是辞职在家。老公为了陪我也辞职了，我们每天在家看电视、吃饭、睡觉。老公偶尔回公婆那里，公婆了解我们的生活情况后，让我们回别墅居住，起码有热菜热饭，不用天天吃外卖了。与老公回到别墅居住后，婆婆每天都教我怎么做菜，我学不会，婆婆就生气。婆婆决定马上把保姆辞掉，每天由我来做饭。我做了几天饭，大家都不爱吃，最后还是由婆婆做饭。婆婆经常骗我说给我买车，到现在已经七八年了，也没看见车的影子在哪里。她还经常跟外人说我的坏话，说我什么也不会，还把他儿子带坏了。前年我父亲去世，我非常伤心，我父亲是这个世上唯一爱我的亲人。我回娘家为父亲送葬，老公开车去接我，我把父亲的遗物装满一车拉回到别墅，婆婆坚决不让我把父亲的遗物拿进去，这是我与婆婆第一次发生正面冲突。我当时就崩溃了，开始狂砸家里的东西，把公婆给吓坏了，老公也吓坏了，这是我第一次犯病。"

老师看到女方生气的样子，怕她再犯病，就对女方说："你犯病也是有原因的。你和他的家庭经济条件相差悬殊，婆婆还有些势利眼，你又是外地人，婆婆会觉得你高攀了，认为你就应该低眉顺眼地听她的话，不可以反驳她。但是你不是这样的性格。你很出色，性格要强，也看不惯别人颐指气使的样子。要不是因为你老公这么

第3章 夫妻关系问题篇

爱你,你也不会到这样的家庭生活。"

女方平静了一会儿,说:"我娘家也不争气。当初结婚的时候我母亲答应给我 20 万元做嫁妆,没想到她知道我们登记后,嫁妆不给了。你说我在男方家有什么地位?什么地位也没有!房子、车都是男方家买的,我什么都没带过来,这样到人家怎么能让人瞧得起呢?到现在我都不原谅我母亲,连她给我打电话,我都不接。"

老师说:"难怪你经常崩溃,爱你的父亲去世了,妈妈和婆婆还这样,还好你有一个爱你的老公。"

女方说:"他让我也不满意。有一次我们去大学里办事,看见一位穿唐装的女生,我老公在车里一直盯着人家看,女生走远了,他还扭过头去看,完全不顾我的感受。我拧着他耳朵把他的头扭过来,他还狡辩说:'你看唐装多好看。'明明是好色,还说唐装好看。还有一次,我们去咨询,咨询师把我惹生气了,我掀翻了咨询师的桌子,出来后一直在哭,他把我带到酒吧里。已经半夜了,邻桌的三位女士在小声地聊天,老公不顾我还伤心流泪,又扭过头盯着人家看,使我非常生气。我老公又狡辩说:'你猜猜这三个女孩是什么关系?'我还在伤心,他竟然能说出这种话,我能不生气吗?他太好色了,我对他也不放心。我不让他上班,让他在家陪我,他同意了,天天陪我,也不跟同学、同事接触了。我把他的微信好友都删除了,只留我一人,这样我才能放心他。"

老师对男方说:"你妻子也不容易,一个外地人来这上学、生活,你父母又不待见她,爱她的父亲又去世了,她妈妈还那个样子,现在只有依靠你了,你应该对她好一些。至于你看美女的问题也没什么大不了的,因为人都是爱美的。看美女就像欣赏一幅风景画,就连女生也喜欢欣赏漂亮的美女,这个不用太在意,更不要用谎话为自己辩护。"

女方说:"就是的。我自己也喜欢看美女,更喜欢看帅哥,但我不会一直盯着看,这非常不礼貌。"

老师说:"看美女一眼是正常的,但是一直盯着看就是好色了,这是非常不礼貌的事。"

老师又问女方:"你跟婆婆之间的矛盾真的不可以调和吗?你们早餐和晚餐都在一起吃吗?"

女方回答:"我们故意错开吃饭的时间,以免尴尬。"

老师问:"那你每天早晚洗漱也错开时间吗?"

女方说:"我们住的那层卫生间不好用,每次洗漱都是由我老公先上楼告诉公婆我要洗漱了,同时把卫生间打扫干净,再回来领我上去。我洗漱时,他在门外等候着,等我洗漱完再把我领回房间,日复一日。每每想起自己的前途,我就感到很绝望。我经常问自己,我要这样生活下去吗?我以后怎么办?"

老师说:"你是研究生毕业,是高学历人才,没想过到更大的城市发展吗?"

女方说:"我们去过加拿大旅游,感觉非常好。那里人口少、风景美,我曾经梦想去那里留学,毕业后留在那里居住。"

老师说:"去加拿大学习、生活并不难,只要你通过相关的外语考试,就可以申请去留学。你们在那里生活很难进入上流社会,除非你是有特殊贡献的科学家,否则你只能过一般平民的生活。"

女方说:"我也没想进入上流社会,我就喜欢那里人少、关系不复杂,自己做自己的事。我可以到那边学习烘焙技术,将来开一个面包坊,也能很好地生活下去。"

老师说:"当然了,有自己的事业干,生活就不会绝望。年纪轻轻的,总在家里待着,多无聊啊!"

女方说:"明天我就去找培训班学习考试的相关内容。"

老师问:"你们真打算出国,准备好费用了吗?"

男方回答:"结婚时父母给我们的那套老房子在我名下,我可以把它卖掉做为我们出国的费用。"

老师对男方说:"这就够了,但是也要跟你的父母处好关系,尤其是你身为人子,父母辛苦一辈子,你跟妻子出国了,就不管他们了,这也不应该。"

男方说:"是的,我也要跟我父母好好沟通,我父母也会同意我们出国生活的。"

老师跟男方说:"你们在外国安定后,可以邀请父母也过去看看你们。"

老师又对女方说:"你跟公婆的关系,只要礼貌上过得去就行,你要让老公多和父母交流,让老公把你的想法告诉公婆。"

女方回答:"以前我都不让我老公和他父母多说话,省得婆婆总说我的坏话,让我老公不向着我。现在我想明白了,让我老公多跟他父母沟通,可以缓和我们之间的关系。"

老师说:"你和你妈妈也要通电话交流。在嫁妆问题上,你妈妈虽然做得不对,可她毕竟是你母亲。你们真要到国外去了,你妈妈也会想你的，你毕竟是她的亲生女儿。"

女方回答："我想一想再说吧。"

三个半小时的咨询结束了。一个半月后男方父亲打电话反馈说：儿媳妇每天起早出去学习，这一个多月不砸东西了，知道对我们笑脸相迎了，我们家也平静了，这两天我和我夫人想见一见你。

过了几天，男方父母来到工作室。

男方父亲说："当时我们根本不接受这个儿媳妇，她的家庭条件和我们相差太悬殊了。"

男方母亲插话说："这个儿媳妇根本没有素质，穷人家养出一个'贵公主'。她什么家务都不会做，衣服也不洗，到我家里住，袜子、内衣、内裤扔得到处都是，还是我在他们俩出门时偷偷进他们房间给收拾屋子，把他们的脏衣服都给洗了。他们看到洗干净的衣物，一点感谢的意思都没有。我们家娶来了一位祖宗，根本不是娶儿媳妇。她也不让我儿子出去上班，就在家里吃。我每天给他们收拾屋子、做饭，就是一个用人，还不如用人呢，用人还有工资呢，那天听我儿子说她考雅思要出国，我可太高兴了，她要走了我可解脱了。"

男方父亲说："我们就这一个儿子，怎么才能让他不跟着一起出国呢？"

老师说："谁让你儿子那么爱她呢，爱情的力量不好阻止，也不能阻止。"

男方父亲说："平时我儿子在家里跟我说话都不能超过5分钟，时间长了怕儿媳不满意，他事事都为儿媳着想。现在儿媳每天学习了,不像以前一样经常砸东西。之前太可怕了,每次她砸东西把我儿子吓得都瘫坐一团。"

老师说:"你儿子每天和儿媳一起出门吗?"

男方父亲说:"我儿子每天一定会陪她出去的,帮她拿书包在外面等候,晚上一起回家。"

老师开玩笑说:"你儿媳像老佛爷一样,连去卫生间都要让老公先开道,闲人回避。"

男方父亲说:"我也不知道我儿子为什么会变成这样。"

老师说:"最好不要让儿子去陪读,儿媳出国之后让儿子在国内找工作、树立生活目标,不能天天围着媳妇转。"

男方父亲说:"这可太好了,但是我们不敢劝,还得麻烦老师。"

老师说:"等你儿媳外语考试通过后,她可以先出去,你儿子可以到我这里,我来帮助他树立生活目标。你儿子的主要问题就是没主见,没有生活目标,没有奋斗的内在动力,等你的儿媳出国后,你的儿子来这里,我会帮助他。"

两个小时的咨询结束了,求助者父母放心地离开了工作室。

解题式心理咨询个案解析

一、根据求助者叙述,得知以下几个已知条件:

1. 求助者夫妻都是研究生学历,男方家庭条件优越,女方是外地人,家庭条件一般。

2．女方工作时与同事相处不好，存在人际交往问题。

3．女方辞职后不出去工作，也不让丈夫出去工作，两人宅在家里。

4．女方由于心情郁闷，与男方父母相处不好，感觉前途无望，控制不住自己情绪砸家里东西发泄。

5．女方由于爱她的父亲去世，情绪上更加崩溃。

二、根据已知条件，推理出如下几个未知条件，通过与求助者有目的的问话，将这些未知条件转换成已知条件，进而解决求助者的困惑，达到咨询目标。

1．女方的原生家庭对她有什么影响？

2．男方父母为什么不同意两人结婚？

3．求助者的夫妻感情基础怎么样？

4．怎样才能帮助女方建立生活目标，进而使女方对生活不再绝望？

5．怎么调节女方求助者与公婆的关系？这是很关键的问题。

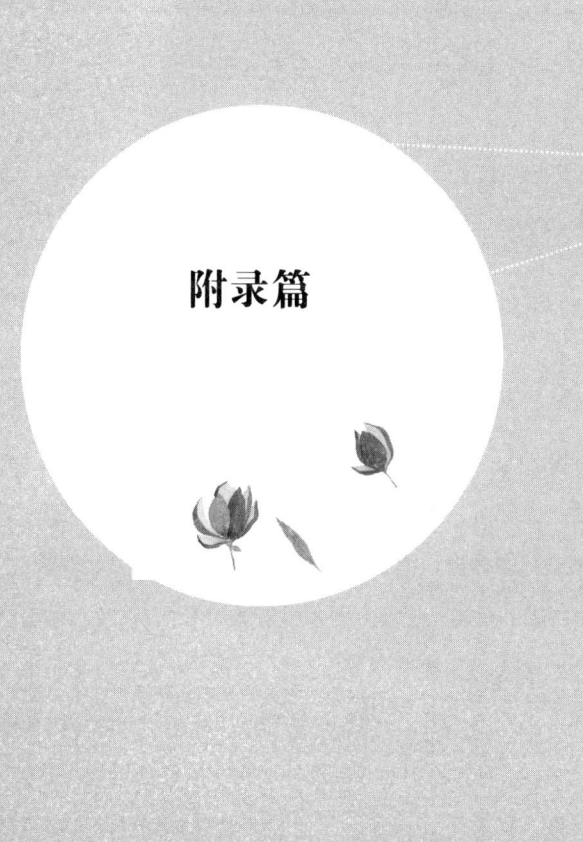

附录篇

积极向上、心理健康的孩子才是好孩子

普天下所有的父母都希望自己的孩子是个好孩子,尽管目前对"好孩子"还没有一个明确的、权威的界定与标准,但做家长的都会根据自己的体验,参照周围成功人士的模式,勾画出自己心目中"好孩子"的形象。

有调查显示:爱学习、诚实守信以及勤快和听话是绝大多数家长心目中"好孩子"的标准,而身体素质、独立意识、孝敬父母、创新能力、合作交流、爱国思想等方面并没有被家长们所广泛认同,甚至有的家长片面地认为只要学习好就是好孩子。所以有些家长看自己孩子成绩好,不仅自己开心,还会逢人就夸自家孩子;考上了大学还要摆升学宴,以昭告自己有个好孩子。也有家长会这样评价:"看某某学习多好,真是个好孩子。"至于其他方面都可以忽略不计了。由此看出,"好孩子"的标准仍然停留在传统的层面上,而作为"现代人"所应该具备的素质,并没有随着社会的发展与进步而及时在家长的教育观念上得以确立和体现。

一般情况下,学习成绩会与以下几方面有关。一是与遗传基因有关。据科学分析,孩子的父母或者直系亲属智商很高,孩子在学习方面只要稍加引导,学习成绩就会很好。二是与孩子的学习

环境有关，家长爱读书，爱学习，不断进取，以身作则，家庭的学习氛围会给孩子以积极的影响，在这样的家庭孩子学习成绩也会很好。三是家长适当的监督、引导，孩子努力，孩子的学习成绩也会很好。

但也有孩子学习一直很用功，但学习成绩还是提不上去，去各种课外辅导班都没有效果，就是参加高考也考不上大学。对这类孩子，建议去学门技术特长，用其所长，也能很好的实现自身价值。但很多家长只是顾及自己的面子，反复让孩子复读、考大学，甚至不惜代价让孩子去国外读大学，由于对国外大学并不十分了解，不少孩子读的大学层次很低，其中不乏有些冒牌大学，在国内是不承认学历的。孩子在国外失去了管束，混了几年，不但专业知识没有学到，连最基础的外语也没有学会，回国后，找工作还是很难，"海归"变"海待"。家长悔之晚矣。

孩子的健康包括两方面：身体健康和心理健康。身体健康也就是没有任何生理疾病。心理健康体现在孩子是否阳光，是否时常郁闷，是否情绪、行为异常等方面。身体是否健康很容易被发现，感冒、发烧、身体哪里不舒服，去医院检查，通过药物治疗一段时间就能好起来。但心理疾病就需要家长通过观察孩子情绪和行为是否出现异常才能发现，所以往往容易被家长忽视或轻视的问题。来我工作室治疗的孩子，他们都有很多共性：聪明、追求完美、心理承受力低、感情脆弱、父母以他为中心、过度关注学习忽视孩子内心变化、童年负面情绪记忆深刻。

父母应该在孩子很小的时候，注重培养积极情绪，把最基本的价值观传递给孩子。如自己能做的事自己做，不要麻烦别人；尊重长辈，爱护小朋友。等长大了再逐渐告诉他做人应该诚实、守信用，树立自己的生活目标，并为之奋斗。父母不应该以孩子为中心，这样的话孩子长大了就会自私，做事就会以自我为中心，这样的孩子将来很难融入社会，很难与别人相处，自私的人谁又会和他相处呢。

培养孩子从小独立思考的能力。尊重孩子的意见，在生活中培养他独立生活的能力，如：洗衣、做饭、家务等。引导孩子观察和分析问题，培养孩子独立思考的能力，在生活中他就会很独立、很阳光、很明事理、善解人意。

也要培养孩子的爱国主义情怀。中华文化五千年，作为华夏子孙应该有民族自豪感和归属感，多读些历史名著，以及中国的古代史、近代史和现代史，多了解老一辈无产阶级革命家为建立新中国而创造的丰功伟绩。他们是民族的骄傲，他们的革命精神、他们在革命实践中形成的理论和思想是留给我们最宝贵的精神财富，是我们今天建设强大祖国的力量源泉，也是孩子们学习的榜样。我们要传承红色基因，培养时代新人。先辈们坚定革命信仰，不怕困难，勇于牺牲，敢于牺牲的大无畏精神，永远是激励孩子为了建设我们的国家而努力学习的内在动力。

一个身体健康、积极向上、心理健康的孩子就是好孩子。

孩子出现心理问题了，家长怎么办

孩子是每个家庭的希望，孩子若出现任何问题最心疼的是家长。现如今，孩子们都置身于社会迅猛发展并充满着变革、竞争的时代，他们经受更多的是与学习、校园生活及社会变革相关的心理矛盾与精神挫折。尤其是中学时期，也是青春期身体和心理发育最为剧烈的时期，学生从幼稚走向成熟，却又未能真正成熟，容易出现很多心理问题，比如厌学心理、逆反心理、自卑心理、焦虑、早恋等。一旦遇到这些情况，家长一定要在理解孩子心理特点和真实需求的基础上，认真对待他们所释放出的求助信号，主动作为，守护孩子阳光成长。

我回国后，发现一个令人不可思议的现象。有一次，一位家长（妈妈）带着孩子来做咨询，咨询对象是男孩，17岁，体重约100千克，高一学生。家长叙述：孩子早恋分手后，失眠、烦躁，我和孩子的爸爸一直给孩子做思想工作。几个月后，孩子不想上学了、在家里砸东西、不与我们交流。感觉孩子的问题严重了，才带到您这里做心理咨询，请老师帮助孩子打开心结。

孩子自诉：以前自己学习成绩很好，也很聪明，现在每天昏昏沉沉，头脑麻木，学习成绩急剧下滑，也不想上学了，不知道以后怎么办。我问孩子家长："为什么孩子刚出现情绪波动时，不找心理老师，这么严重了才想起找心理老师呢？"家长回答："自己一直劝说孩子，给孩子做心理疏导，但也没有效果，现在反而不愿意上学了，才带孩子找老师寻求帮助。"客观地讲，这个孩子当初只是心情不好，有些抑郁倾向，找一位好的心理老师做一下心理调节，一两次孩子就会好的。可事实是等到孩子严重失眠、不上学了，家长才感觉自己的疏导没有效果。这样的家长有很多很多，总认为自己能打开孩子心结，能解决孩子的心理问题。这就是我回国后发现的奇怪现象：有心理问题不找心理老师，自己解决，等严重到一定程度了，再找心理老师。就像孩子得病了，不去医院看病，自己给孩子治疗。家长又不是医生，凭什么给孩子盲目治疗？

在发达国家，人们的心理健康意识很强，心里有纠结就去找心理老师，绝不会等严重了才重视。孩子有情绪波动，家长绝不会自己疏导，因为他们知道自己打不开孩子的心结，自己也没学过这方面的知识，孩子有些话也不会对父母说，只有找专业的心理老师才能解决孩子的心理问题。青春期的孩子更容易得心理疾病，来我工作室的孩子很多都是在青春期出现的心理问题，有的还是严重的心理问题。

目前，国内的心理咨询工作者良莠不齐，也是很正常的事。心理咨询行业才发展十几年，从业者只考了一个心理咨询师资格证就开始工作。就像医大毕业的学生，毕业后不去医院接受两年正规培训，立马给患者看病，这是绝对不允许的。心理咨询师也是这样，考取心理咨询师资格证后，应该找有经验的心理老师观摩学习两年后，再从事心理咨询工作。

很多缺少专业知识的家长以为心理咨询就是和孩子聊天、进行劝导。其实不是这样的，心理学是一门科学，在国外有上百年的历史，心理学专业有本科、硕士、博士、实习期，怎么也得学习十多年。心理咨询师在和求助者聊天的过程中，运用多种心理咨询技术使求助者发生了改变，进而解决了求助者的心理问题。

作为家长，如果发现孩子有厌学、逃学、沉迷游戏、情绪低落等心理问题，一定要及时找有经验的心理老师进行心理干预，不然一般心理问题会拖延成严重心理问题，严重心理问题也会拖延成心理疾病，甚至转变成精神问题。

心理咨询师也要选择适合自己的求助者

心理咨询是心理咨询师利用心理学知识帮助求助者解决心理问题的过程。

首先,是求助者主动找心理咨询师寻求帮助,说明求助者能够认识到自己存在心理问题,需要借助心理咨询师帮助自己解决问题,好恢复社会功能。反之,假如求助者不认为自己有心理问题,无自知,拒绝找心理咨询师,认为自己在家里待着就很好,由家长强迫着来咨询,这样的求助者很难配合咨询,恢复难度较大。

其次,心理咨询需要一个过程,不是通过一两次咨询就能解决求助者所有的心理问题的。改变人的认知需要一个过程,更需要求助者内心醒悟。虽然改变求助者的认知需要一个过程,但也不是无限期的,一两次咨询没有效果,就说明这个心理咨询师不适合求助者,求助者就应该找适合自己的心理咨询师,避免耽误自己。

比如有一位求助者,高一,男孩,白天睡觉,晚上玩游戏,不去上学,一上学就紧张,每天玩游戏晋级就大呼小叫,沉迷其中。这样的孩子,一是有网瘾,二是可能恐惧学校。家长让他找心理老师,他同意咨询,却不配合,在整个咨询过程中都在低头玩手机,这样咨询效果怎么能好呢?

也有的求助者家长本身就不相信心理咨询师，认为心理咨询就是劝导，还不如自己在家劝导孩子呢。遇到这样的求助者家长，心理咨询师也要放弃对求助者的帮助，因为家长不配合你，你又怎么给孩子做心理咨询呢，遇到这样的家长，心理咨询师还是转介吧。

还有大多数年龄比较大的求助者思维固化，很难改变认知，这样的求助者只能劝导，转移注意力了，也不要下太大的工夫咨询，可能没有效果。年龄太小的求助者，如3岁到8岁的孩子，做心理咨询也很难，还是建议找儿童专家帮助吧。

作为求助者,怎样判断心理咨询师的咨询水平

心理咨询师的咨询水平是指心理咨询师解决求助者心理问题的能力。它体现在以下几个方面:

第一,咨询后的改变。即一次咨询后,求助者是否感觉自己有变化,亲朋好友是否感觉到求助者的变化。心理咨询是利用心理学知识解决求助者心理问题的过程,虽然说这需要时间,但一两次咨询后心理咨询师对求助者没有帮助,求助者就会失去对该咨询师的信心,就会觉得其心理咨询水平差,对自己不会有帮助。

第二,社会影响及评价。求助者可以在相关网站查看心理咨询师的社会影响、社会评价以及对其他求助者所提问题的回答。从这些信息中观察心理咨询师是否接地气,能不能真正地帮助求助者。故作高深、答非所问是不能真正解决问题的。

第三,知识的运用。很多从事心理咨询的老师,对自己的咨询水平信心满满,光有信心还是不够的,更需要有解决求助者心理问题的能力,这种能力是综合能力,要求心理咨询师拥有广泛的知识面、运用自如的心理学技巧,先进的观点、较高的情商。

第四,体现的价值。好的心理咨询师应该擅长解决求助者各类心理问题。如果只会倾听、陪伴、无条件接纳求助者,时间到了收

钱结案，只会让求助者感到失望。

第五，文化、修养。好的心理咨询师一定是开朗、阳光、大气、知识面广、衣着得体、充满正能量、积极向上的人，咨询室也是干净、整洁、温馨的，大多数求助者第一眼就能感觉到。

第六，从师选择。一名优秀心理咨询师，多半会选择有经验的实习老师，然后跟着老师多多实践。这一点非常重要，纸上得来终觉浅，书本理论和实际作业的区别还是很大的。

人的心理问题真的是由原生家庭造成的吗

一些心理咨询师认为心理问题或心理疾病都是由求助者童年的负面情绪记忆造成的，也就是由原生家庭带来的。于是乎，很多心理咨询师面对求助者的问题，都会从求助者的成长环境开始分析，分析求助者父母不正确的亲子教育方式，以及求助者父母的自身问题，求助者祖父母不正确的教育问题。分析来分析去，最后把求助者的心理问题都归结于原生家庭的教育不当。

既然认为求助者的问题是由求助者的原生家庭引起的，心理咨询师就容易对求助者的父母横加指责。这样做会在无形中加剧求助者和父母之间的矛盾，加重求助者父母的自责和愧疚。都是过去了的事，这种追究已经没有意义，求助者父母后悔也来不及了，对解决求助者的心理问题也没有帮助。

过去，一个家里往往会有几个孩子，孩子们都是在一个环境中长大，性格却不一样，有的内向，有的外向，有的智慧，有的单纯，甚至身体状况都不一样。2001年，我在新加坡就遇到一位求助者，男性，27岁，性格内向，不苟言笑，公司中层管理，因感情问题导致抑郁。据他父母描述，他哥哥的性格就非常好，大气、开朗、人缘也好，而他的性格与哥哥完全不一样，文静、内向、心眼儿小、心细、不爱与人交流。你能说这名求助者的心理问题是父母造成的吗？同一对父母，同一个生长环境中长大的兄弟俩，心理承受能力不同，性格完全不同。一味地强调原生家庭亲子教育不当是片面的，更不可以把引起孩子心理问题的原因完全归结在父母身上。当然，也有个别的父母总是吵架，甚至家暴，时间长了会导致孩子自卑、不自信、对今后的婚姻充满恐惧。求助者出现这样的心理问题，心理咨询师就需要求助者父母改变自己的行为，同时告诉求助者学会坚强、独立，成年以后自己管理自己，独立生活就好了。

父母含辛茹苦地把孩子抚养成人，孩子因为失恋或者婚姻问题要死要活，甚至患上抑郁症。遇到这样的求助者，心理咨询师不能把一切问题都归结到求助者的父母身上。明明就是求助者自己不明事理，不拿自己的生命当回事，也不知道自己的社会责任、家庭责任，一味按照自己的想法做事，不合心意就大吵大闹。遇到这样的求助者，心理咨询师就需要耐心地帮助求助者从自身上找原因，打开心结，树立正确的三观，修复性格上的缺陷。

性格上的缺陷是可以修复的。比如一个人脾气不好，是可以通过后天学习改正的。心理咨询师可以告诉求助者，你的心理问题是由你的性格缺陷造成的，让求助者认识到引起他情绪不稳的原因是自己心胸狭窄。根源问题解决了，求助者的问题自然就迎刃而解了。

所以，心理咨询师不可以总在原生家庭上浪费时间，更不可以人为地制造求助者和父母之间的矛盾。有些问题明明是求助者的性格导致的，帮助其修复其性格缺陷才是心理咨询师的当务之急。

© 民主与建设出版社，2021

图书在版编目（CIP）数据

半熟家庭：明明有家，为何如此孤单 / 金义著. -- 北京：民主与建设出版社，2021.4
ISBN 978-7-5139-3456-5

Ⅰ.①半… Ⅱ.①金… Ⅲ.①家庭关系 - 心理咨询 - 案例 - 中国 Ⅳ.① D669.1

中国版本图书馆 CIP 数据核字 (2021) 第 053825 号

半熟家庭：明明有家，为何如此孤单
BANSHU JIATING MINGMING YOUJIA WEIHE RUCI GUDAN

著　者	金　义
责任编辑	程　旭
封面设计	仙境设计
出版发行	民主与建设出版社有限责任公司
电　话	（010）59417747　59419778
社　址	北京市海淀区西三环中路 10 号望海楼 E 座 7 层
邮　编	100142
印　刷	三河市宏图印务有限公司
版　次	2021 年 4 月第 1 版
印　次	2021 年 4 月第 1 次印刷
开　本	880 毫米 ×1230 毫米　1/32
印　张	7
字　数	120 千字
书　号	ISBN 978-7-5139-3456-5
定　价	45.00 元

注：如有印、装质量问题，请与出版社联系。